전염병 치료제를 내가 만든다면

전염병 치료제를 내가 만든다면

08 지식 + 진로

예병일 지음

세균 발견부터 백신 개발까지 전염병의 모든 것

다른

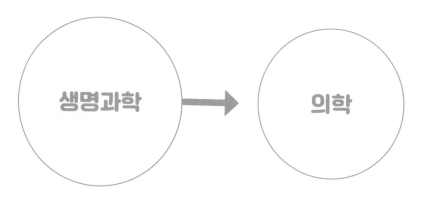

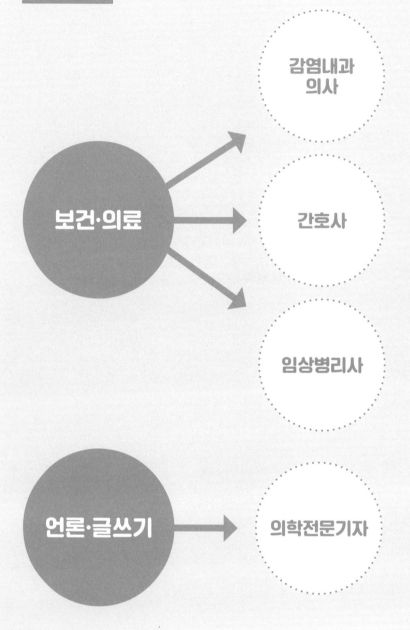

탐색할 진로

감염내과 의사

간호사

임상병리사

보건·의료

언론·글쓰기

의학전문기자

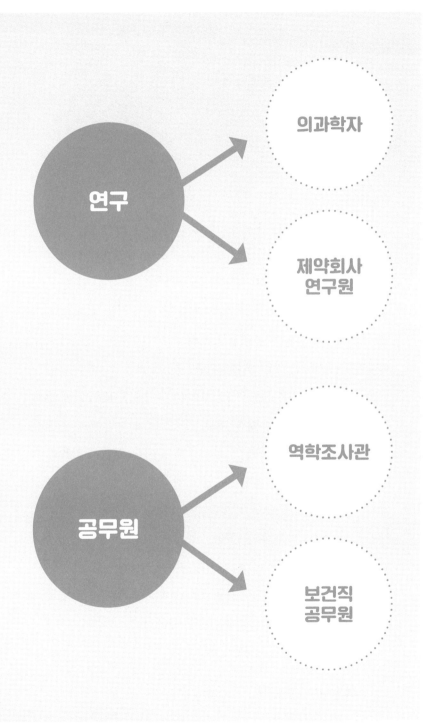

들어가며

| ## 전염병을 극복해 온 인류의 역사

2019년이 다 가기 직전, 중국 우한에 새로운 전염병이 나타났다. 폐에 심한 염증을 일으켜 사람의 목숨을 빼앗을 수도 있는 이 신종 전염병은 사람에서 사람으로 아주 잘 전파되는 것이 특징이었다. 원인은 코로나바이러스로 드러났으며, 그때까지 알려진 코로나바이러스와는 다른 종류였다.

앞서 발견된 여섯 종류의 코로나바이러스 중 2002년에 유행한 사스와 2015년에 유행한 메르스는 감염된 사람이 죽음에 이르는 비율이 약 10퍼센트, 약 34퍼센트에 이를 정도로 위험한 전염병이었다. 다행히 유행한 지 1년이 채 되지 않아서 거의 해결되었지만 2019년에 나타난 새로운 전염병 코로나19는 달랐다. 치사율은 앞선 두 병보다 낮았지만 엄청난 전파력 때문에 문제가 되었다.

14세기의 페스트는 중세를 멸망시켰다는 평가를 받는다. 18세기의 두창과 발진티푸스, 19세기의 콜레라, 1918년의 스페인독감

등은 짧은 기간에 많은 이의 목숨을 앗아갔다. 그러나 오늘날에는 이와 같은 병이 더 이상 문제되지 않는다. 이미 해결책을 찾았기 때문이다.

지금도 가끔씩 매스컴에 등장하는 페스트, 발진티푸스, 콜레라는 병원에 가기만 하면 어렵지 않게 치료할 수 있는 병이 되었다. 많게는 3억 명을 죽음으로 몰았다고 추정되는 스페인독감은 지난 2009년에 신종플루라는 이름으로 다시 유행했다. 하지만 좋은 약이 개발되어 있었으므로 예상보다 훨씬 쉽게 해결할 수 있었다. 바이러스에 의한 전염병 중 인류에게 가장 큰 위협이 되었던 두창은 인류가 처음으로 백신을 개발한 병이다. 그 후로 예방 가능한 병으로 바뀌어 환자가 계속 줄어들다 지금은 인류의 힘에 의해 사라진 최초의 전염병이 되었다.

문제는 새로운 전염병도 꾸준히 나타난다는 점이다. 앞서 소개한 코로나바이러스에 의한 감염증 외에도 과거보다 훨씬 빠른 속도로 새로운 전염병이 나타나면서 인류를 위협하는 숨바꼭질이 계속되고 있다. 출혈과 열이 특징인 여러 종류의 바이러스 감염증, 산모에게 감염될 경우 머리가 작은 아기가 태어날 수 있는 지카바이러스 감염증, 진드기에 물렸을 때 감염되는 중증열성혈소판감소증, 뇌염을 일으키는 웨스트나일바이러스 감염증, 여러 종류의 A형독감바이러스까지 다양한 전염병이 계속해서 새로 나타나고 있다.

과거에 유행한 전염병을 해결하는 데 가장 크게 공헌한 것은 약과 백신이었다. 새로운 전염병이 나타났을 때 그에 맞는 약을 개발해 치료하고, 백신을 개발해 예방하는 것은 아주 중요하다. 하지만 신약 개발과 백신 제조를 위해서는 적어도 수년의 시간이 필요하다.

교통의 발달로 인해 세계 어디든 전염병이 하루 만에 도달할 수 있게 되었다. 이제 새로운 전염병이 지구촌 어디에서 발생하든 남의 일이 아니다. 코로나19를 통해 경험하듯 새로운 전염병은 전 세계가 함께 대응해야 해결할 수 있는 문제다.

어떻게 하면 효과적으로 새로운 전염병에 맞설 수 있을까?

다양한 직종에서 일하는 많은 이들의 노력이 필요하다. 의사는 환자를 치료하고, 의과학자는 새로운 전염병을 해결할 방법을 연구한다. 의사가 의학자 역할을 할 수도 있지만 의학을 공부하지 않은 생명과학자도 의과학자가 될 수 있다. 미생물과 전염병 발생 기전을 연구함으로써 전염병의 해결책을 마련할 수 있다. 새로운 전염병이 유행할 경우를 대비해 정책을 마련하는 일은 정부 부서에서 일하는 공무원의 몫이고, 정책을 연구하는 이들은 공무원들이 올바른 판단을 할 수 있도록 아이디어를 제공한다. 역학조사관은 환자가 어떤 환경에서 발생했는지를 조사하고, 임상병리사는 빠른 시간 내에 정확하게 진단하기 위해 노력한다. 언론계 종사자들은 이 모든 과정을 잘 전달함으로써 전 국민이 합심하여 빨리 일상으로 돌아갈 수 있도록 도움을 주고, 세계보건기구에서는 지구인 전체에 도움이 될 방법을 찾는다.

　이 책은 전염병이 무엇이며, 다양한 전염병이 인류에게 어떤 영향을 미쳤는지 이야기한다. 동시에 전염병을 해결할 수 있는 방법과 관련 직업을 소개한다. 미래를 주도할 청소년이 새로운 전염병을 해결하겠다는 꿈을 꾸기를 바란다. 이 책의 독자가 각자 할 수 있는 다양한 직종을 파악하여 실제로 그 직종에서 일할 날을 기대한다.

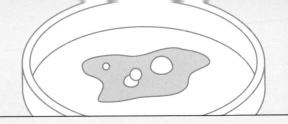

차례

1장 전염병은 어떻게 발생할까?

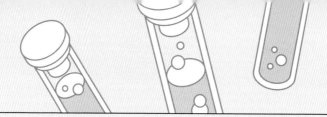

2장 인류와 함께한 전염병

3장 신종 바이러스가 일으킨 전염병

4장 전염병 해결의 실마리

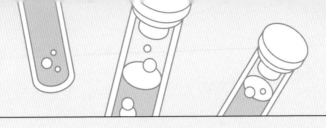

1장

전염병은
어떻게 발생할까?

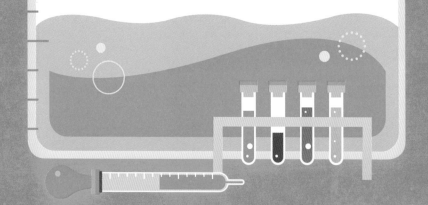

약 4만 년 전에 등장한 현생 인류는
지구 전체의 역사에 많은 영향을 미쳤다.
하지만 감히 미생물에 도전할 수준에는 이르지 못했다.

전염병의 전파 과정

사람에게 해가 되는 미생물이 사람의 몸속에 침입해 이상을 일으키는 병을 전염병이라고 한다. 이때 사람의 몸으로 들어온 미생물은 눈에 보이지 않을 만큼 작으며, 생존하기 위해서는 적당한 시기에 숙주를 탈출해 다른 숙주에게 침입해야 한다. 숙주로 삼았던 사람이 세상을 떠나면 몸 안에서 함께 죽기 때문이다.

과거에는 전염병에 대한 지식이 거의 없었다. 따라서 전염병이 유행하면 환자를 피하거나 마을에서 쫓아내는 등 아무것도 모르는 상태에서 유행이 저절로 끝나기만을 기다렸다. '전염병'이라는 말은 단순히 병의 의미뿐만 아니라 환자에 대한 혐오감이 포함되어 있었고, 지나친 공포심을 불러일으켰다. 하지만 이제는 전염병에 대한 지식이 많이 쌓여 사람의 힘으로 어느 정도 통제할 수 있다. 따라서 은유적 의미가 객관적인 '감염병'이라 하는 편이 더 바람직하다. 그러나 두 용어를 구별 없이 사용하는 경우가 많으므로 이 책에서도 같이 쓰기로 한다.

전염병의 전파 단계

전염병이 전파되는 과정은 6단계로 이루어진다. 1단계, 우선 병원체가 있어야 한다. 병원체는 숙주에 침입해 특정한 질병을 일으키는 미생물을 가리킨다. 19세기 후반부터 미생물을 관찰하고 분류해 왔지만 이 세상에 얼마나 많은 종류의 미생물이 있는지, 현재까지 발견한 것이 전체 중 얼마나 되는지는 가늠하기 어렵다.

2단계, 병원체가 생활하고 증식하며 다른 숙주에게 전파되기 전까지 살아갈 장소가 필요하다. 미생물은 생존력이 대단해서 사람, 동물, 식물, 토양, 바다 등 어디에서도 살 수 있다. 미생물에 감염되었지만 증상이 없어서 이를 전혀 느끼지 못하는 사람도 병원소병원체가 증식하여 생활하고 있는 장소 역할을 하여 주변에 감염병을 전파할 수 있으며, 이런 사람을 보균자라 한다.

사람의 몸에 들어간 병원체가 증상을 일으키려면 계속해서 수가 늘어나야 한다. 병원체가 사람의 몸에 침입한 후 질병 증상이 나타나기까지의 기간을 잠복기라 한다. 잠복기에는 자신이 병에 걸린 줄 모르고 보균자 역할을 하여 주변에 병을 전파할 수 있다.

전염병 전파의 3단계는 병원체가 병원소에서 탈출하는 과정이고, 4단계는 병원소 밖으로 빠져나간 병원체가 다른 숙주를 찾아 전파되는 과정이다.

병원체가 병원소에 머물러 있으면 질병은 전염되지 않는다. 주변으로 퍼지기 위해서는 병원체가 병원소에서 빠져나와야만 한다. 일반적으로 탈출 경로는 침입 경로와 같다. 예를 들면 공기를 통해 전파되는 폐결핵, 폐렴, 홍역, 수두 등은 숨을 쉴 때 코로 들어와서 호흡기계통으로 침입한다. 콜레라, 장티푸스, 세균이질과 같은 수인성전염병은 오염된 물을 마실 때 소화기계통으로 침입한다. 입을 통해 전파되는 전염병은 주로 음식으로 전파된다. 또 매독, 임질, 클라미디아처럼 비뇨생식기계통으로 전파되는 경우도 있고, 태반을 통해 엄마 배 속의 태아에게 전파되기도 한다.

기침할 때 사람의 몸을 탈출하는 병원체는 보통 침에 둘러싸여 존재한다. 이를 비말이라 부른다. 일반적으로 비말이 말라서 병원체만 공기에 노출되면 전파력이 떨어지지만 미생물의 종류에 따라 전파되는 정도가 다르다. 일회용 주사기를 사용하지 않고 주사기를 재사용하면 핏속의 병원체가 다른 사람의 피로 전파될 수 있으며, 피부의 상처를 통해 병원체가 직접 전파되기도 한다. 전염병이 널리 퍼지는 방법은 다양하다.

5단계는 새로운 숙주로 침입하는 것이다. 침입 방식은 보통 탈출 방식의 반대이며, 병원체 종류에 따라 다르게 나타난다. 예를 들면 2019년 말에 중국 우한에서 유행하기 시작한 코로나19는 숨을 쉴 때 호흡기계통으로 들어온다. 바이러스는 숙주세포 안으로 들어가지 않으면 번식하지 못해 수가 늘지 않는다. 따라서 단순히 사람의 몸속으로 들어가기만 해서는 병을 일으키지 못한다. 코로나바이러스는 폐에서 사람의 세포 속으로 침입하는 능력이 아주 발달되어 있기 때문에 전파력이 매우 강하다.

전염성 전파의 마지막 단계는 새로운 숙주의 감수성_{외부에서 들어온 자극에 반응하고 받아들이는 성질}과 면역에 따라 결정된다. 우리는 면역력을 키우기 위해 백신으로 예방접종을 한다. 평소에 건강한 사람과 건강하지 않은 사람은 면역력에 차이가 있다. 따라서 규칙적으로 운동하고 적절한 영양 상태를 유지하면 같은 병원체에 감염되더라도 쉽게 병을 이겨 낼 수 있다.

항원 역할을 하는 병원체에 맞서 싸우기 위해서는 항체를 형성해야 하는데, 단백질로 얻을 수 있는 아미노산이 재료가 된다. 그러므로 평소에 단백질을 충분히 섭취하는 것이 중요하다. 인체에 미리 자리 잡고 있는 미생물이 침입한 미생물을 막을 수도 있다. 땀과 같은 분비물의 양이 적고 혈액순환이 원활하게 이루어지는 것도 저항력을 유지하는 조건의 하나다.

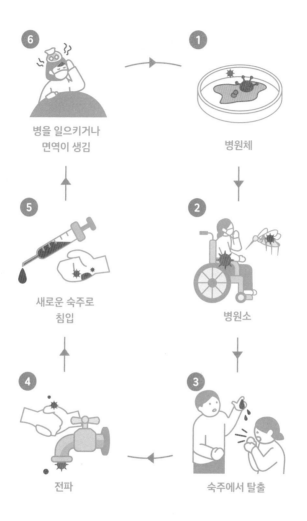

① 병원체

② 병원소

③ 숙주에서 탈출

④ 전파

⑤ 새로운 숙주로
침입

⑥ 병을 일으키거나
면역이 생김

전염병의 전파 과정

전염병의 유래와 병원체의 종류

전염병은 언제부터 인류와 함께했을까?

사람은 태어나면서부터 미생물 감염에 노출된다. 태아가 엄마 몸 밖으로 빠져나올 때부터 엄마에게 있던 미생물이 침입하며, 일반적인 성인의 장내세균이 100조 마리, 질량으로 약 2킬로그램에 이를 정도니 이 세상이 미생물로 가득 차 있다고 해도 지나친 말이 아니다. 사람의 피부 표면에는 헤아릴 수 없을 만큼 많은 미생물이 붙어 있는데, 비누칠하고 샤워할 때 떨어져 나갔다가 몸 말리고 옷 갈아입고 나면 대부분 다시 자리 잡을 정도다.

어떤 미생물이 한 종에서는 감염을 일으키지만 다른 종에서는 감염을 일으키지 못하는 경우 '종간 장벽'이 있기 때문이라 말한다. 돼지나 조류鳥類를 통해 독감바이러스가 전파되는 현상은 종간 장벽을 넘은 것이다. 두창천연두은 종간 장벽 때문에 사람에게만 감염된다.

그러나 대부분의 병원체는 사람과 동물을 모두 숙주로 삼을 수 있다. 모든 병원체가 증상을 나타내지는 않으며 사람과 동물 모두에서 증상을 일으키는 병을 인수공통감염병이라 한다. 브루셀라증이 그렇고 에이즈후천면역결핍증, 에볼라 출혈열, 유행성 출혈열 등도 마찬가지다. 과거에는 인간에게 영향을 미치지 않던 미생물이 어느 날 갑자기 인간에게 감염된 후 살아남기 시작하면서 인수공통감염병이라는 이름으로 인간을 괴롭히기 시작했다.

수억 년 전의 파충류 화석에서도 감염에 의해 염증이 발생한 흔적을 찾을 수 있다. 포유류의 경우에는 6,000만 년 전으로 거슬러 올라간다. 사람을 예로 들면 수천 년 전 페루에 살았던 사람들의 유골에서 척추결핵의 흔적이 나타나고, 이집트의 미라나 파피루스의 기록을 보면 결핵과 두창의 흔적을 찾을 수 있다.

46억 년 전 지구가 생겨났고 약 11억 년이 지났을 때 단세포생물이 나타났다. 단세포생물은 초기에는 공기, 물, 토양 등에 노출된 상태로 살았지만 다세포생물이 등장한 이후 달라졌다. 다세포생물을 숙주로 삼으면 생존에 유리하다는 점을 알았는지 동물과 식물 속으로 마구 침입해 살기 시작한 것이다. 이때부터 감염이 시작된 셈이다.

단세포생물은 같은 단세포라도 자신보다 크기가 더 큰 세포가 있으면 호시탐탐 들어가서 살 기회를 엿보곤 했다. 가장 작은 바이러스의 일종인 박테리오파지는 세균에 침입하고, 미코플라스마도 세균이나 진핵세포에 침입하며, 세균은 곰팡이로 침입한다. 미생물은 지구촌에 자신들의 세상을 만들고 지금까지 그 생활을 누려 오고 있는 것이다. 약 4만 년 전에 등장한 인류는 지구 전체의 역사에서 10만분의 1도 채 되지 않는 시간 동안 지구에 많은 영향을 미쳤다. 하지만 감히 미생물에 도전할 수준에 이르지는 못했다.

미코플라스마 감염증

전염병에 대한 이야기를 할 때 가장 익숙하게 받아들일 수 있는 바이러스와 세균은 다음 글에서 다루기로 하고, 여기서는 미코플라스마에 대해서 소개하고자 한다.

바이러스를 생물과 무생물의 중간 형태로 보고 제외한다면 미코플라스마는 현재까지 알려진 가장 작은 미생물이라 할 수도 있다. 크기는 약 200나노미터로 독감바이러스의 2배에 달하지만, 보통 약 1마이크로미터 크기인 세균과 비교하면 5분의 1 정도밖에 안 된다.

세균이 감염병을 일으킬 수 있다는 사실은 1870년대에 독일의 로베르트 코흐가 처음 증명했다. 1880년대부터 감염병의 원인이 되는 미생물을 찾는 일에 많은 의학자가 관심을 가졌다. 미코플라스마는 1898년에 소의 폐에서 처음 발견되었는데, 이 미생물이 폐렴의 원인이라는 사실은 그로부터 46년이 지나서야 알려졌다. 미코플라스마를 처음 발견했을 때는 세균의 일종으로 여겼고, 그 후에 바이러스와 크기가 비슷하다는 이유로 바이러스 취급을 하기도 했다. 하지만 폐에 염증을 일으킨다는 사실이 알려진 후로는 PPLO^{Pleuropneumonia-like-organisms, 소의 폐렴균 유사 미생물}라는 용어를 사용하고 있다. 1956년부터 미코플라스마라고 불렀고, 1963년에는 사람도 감염시킨다는 사실을 발견했다.

우리나라에서도 미코플라스마 감염에 의한 폐렴 환자가 연간 수백 명씩 발생한다. 2011년부터 법정감염병으로 규정되어 급성호흡기감염증 표본감시체계에 의해 관리되고 있다. 치료가 아주 어렵지는 않지만 보통은 입원 치료를 받는다. 아직 효과적인 예방백신이 개발되지 않았기 때문에 기본적인 예방수칙을 잘 지켜야 한다. 호흡기를

표본감시체계

전염병 발생 양상을 파악하기 위해 국가에서 운영하는 시스템이다. 전국 종합병원 100개를 표본기관으로 지정하여 환자가 발생하면 즉시 질병관리청에 보고하게 한다. 이를 토대로 우리나라에서 어떤 전염병이 얼마나 많이 유행하고 있는지를 판단하며 예방하고 관리할 수 있다. 급성호흡기감염증을 포함해 23종의 전염병에 대해서도 이와 비슷한 감시체계가 운용된다.

통해 감염되므로 감기, 독감, 코로나19 등을 예방하기 위한 수칙을 그대로 따르는 것이 중요하다.

3~4년 주기로 환자가 많이 생기는데, 이유는 밝혀내지 못했다. 청년기 이하의 환자가 많은 것이 특징이다. 따라서 어린이가 개인위생을 잘 관리할 수 있도록 세심하게 돌봐 주어야 한다. 수건이나 장난감처럼 공동으로 사용하는 물건을 통해 전파될 가능성이 높으므로 유치원에서는 자신의 물건을 자신이 관리하는 습관을 들이는 것이 좋다.

미코플라스마가 인체에 침입하면 1~4주간의 잠복기를 거쳐 증상이 나타난다. 호흡기질환이므로 초기 증상이 감기와 아주 유사해 열과 기침이 나고 두통, 추위를 느낀다. 이 정도로 끝나면

별일이 없을 텐데 병이 깊어지면 폐렴이나 뇌수막염으로 진행된다. 많은 경우에는 면역력에 의해 2~3주 지나면 회복되므로 감기라 생각하고 그냥 지나친다. 하지만 심하면 사망에 이를 수도 있으므로 증상이 나타나면 얼른 병원을 찾아가는 것이 중요하다. 적절한 치료 약이 있으므로 전문의사를 만나 치료를 잘 받는다면 나을 수 있다.

세균을 발견한 현미경

진화론적으로 보면 세균의 흔적을 찾는 일이 바이러스의 흔적을 찾는 일보다 쉽다. 바이러스는 숙주세포 내에서만 번식할 수 있는 데다가 사람의 행동반경이 좁았던 과거에는 바이러스와 접촉할 기회가 상대적으로 적었기 때문이다. 반면에 세균은 인류의 탄생과 더불어 함께 살았다.대장 속에 대장균이 잔뜩 자리 잡고 있는 것에서도 알 수 있다. 게다가 동물의 수많은 세균성 감염질환이 사람에게도 전해졌다. 그러다 보니 바이러스성 질환의 흔적보다는 세균성 질환의 흔적을 찾는 것이 훨씬 쉬운 일이다.

과거에는 전염병의 대책이라 할 만한 게 별로 없었다. 하지만 세월이 흘러 인간이 자연에 적응해 가면서 지혜가 생겼고, 환자와 접촉하면 병이 전파된다거나 위생 상태가 질병 발생과 관계가 있다는 사실을 알게 되었다.

모습을 드러낸 세균

인류는 세균의 영향 속에서 살아왔다. 6세기에 비잔틴제국에서 유행했다는 전염병, 13세기의 한센병, 14세기의 페스트 등 인류 역사의 흐름을 바꿀 정도로 큰 영향을 준 질병의 원인은 모두 세균이었다. 하지만 그 사실은 현미경이 개발된 후에도 200년 이상의 세월이 흐른 뒤에야 알려졌다.

미생물은 대개 맨눈으로 볼 수 없을 정도로 작다. 따라서 현미경이 개발되기 전까지는 미생물을 구분할 수 없었다. 역사적으로 현미경을 가장 먼저 사용한 사람은 1590년 암스테르담에서 활동안 한스 얀센이다. 얀센의 현미경이 해양 탐사에 이용되었다는 기록이 있다. 하지만 현미경이 본격적으로 활용된 것은 17세기부터라고 할 수 있다.

1628년에 영국의 윌리엄 하비는 《심장과 혈액의 운동에 관하여De Motu Cordis(Anatomical Account of the Motion of the Heart and Blood)》라는 책에서 혈액이 순환한다고 주장했다. 그때까지는 음식을 먹으면 간에서 피가 만들어지고, 그 피는 심장에서 뿜어 나와 동맥을 따라 흘러가다 몸으로 흡수된다고 믿었다. 그러나 하비는 심장에서 뿜어내는 피의 양을 감안하면 섭취한 음식으로부터 피가 만들어지는 것은 믿기 어렵다고 했다. 또한 팔을 묶었을 때 동맥의 피가 정맥으로 몰려드는 모습이 보이니 동맥에서 정맥으로 피가 흘러간다고 주장했다. 문제는 눈으로 확인할 수 없다는 점이었다.

하비가 세상을 떠난 지 4년 뒤인 1661년, 이탈리아의 마르첼로 말피기가 이 주장을 증명했다. 말피기는 자신이 만든 현미경으로 동맥과 정맥을 잇는 모세혈관을 발견했고, 혈액이 사람 몸을 순환하고 있다는 사실이 관찰 가능한 진리임을 밝혔다. 그는 곤충의 배설기관을 발견해 말피기관이라 이름 붙이고, 사람의 콩팥에서 발견한 새로운 구조물에 말피기소체라는 이름을 붙이기도 했다. 현미경을 이용한 그의 업적을 기리는 의미에서 그를 '현미경의 아버지'라 하기도 한다.

영국의 로버트 훅은 1665년 발간한 책《현미경 관찰Micrographia》에 자신의 관찰 결과를 기록으로 남겨 현미경 발전에 크게 기여했다. 또한 '세포cell'라는 이름을 최초로 사용하기도 했다.

1660~1670년대에 네덜란드의 안톤 판 레이우엔훅은 이전의 것보다 훨씬 성능이 뛰어난 현미경을 제작했다. 그는 세균과 원생동물을 처음으로 발견했으며, 세균의 모양에 따라 간균, 나선균, 구균으로 분류했다. 또한 사람과 동물의 배설물로부터 기생충, 곰팡이, 효모, 원생동물 등 많은 종류의 미생물animalcules을 발견하고 이에 대해 자세한 기록을 남겼다. 1676년에는 영국 왕립협회에 자신의 연구 결과를 보내기도 했는데, 그의 연구 결과를 본 로버트 훅이 찾아와 함께 현미경을 개량하기도 했다.

이보다 앞서서 1646년에 뷔르츠부르크 대학교 수학 교수였던 아타나시우스 키르허는 빛광학에 대한 책을 쓰면서 복합현미경의 원리가 될 수 있는 렌즈의 사용법을 기록했다. 1671년에 발행된 2 판에는 감염병으로 사망한 사람의 핏속에서 작은 벌레little worms를 발견했다는 내용이 있는데 이 벌레가 페스트균Yersinia pestis이라는 주장도 있다.페스트의 원인균은 19세기 말 프랑스의 알렉상드르 예르생에 의해 밝혀졌다.

이와 같이 현미경을 만들고 사용한 학자들 덕분에 세균이 모습을 드러내기 시작했다.

현미경 활용법이 발전하다

히포크라테스와 갈레노스는 질병의 원인이 신이 내린 벌이 아닌 인체 내 생리현상의 이상 때문이라고 주장했다. 이 이론은 18세기 초 조반니 모르가니에 의해 발전했다. 모르가니는 질병이 인체 내 장기의 이상 때문에 생긴다고 설명했다. 18세기가 끝날 무렵 프랑스의 해부학자 그자비에 비샤는 장기가 아니라 장기보다 작은 조직의 이상에 의해 질병이 발생한다는 이론을 제기했다. 그러나 모르가니와 비샤 모두 사람의 세포나 조직을 현미경으로 관찰할 생각은 하지 못했다.

현미경은 19세기 독일에서 다시 빛나기 시작했다. 1838년에는 마티아스 슐라이덴이 식물은 세포로 이루어져 있음을 발견했고, 1839년에는 테오도어 슈반이 동물도 세포로 되어 있음을 발견한 것이다. 1858년에는 루돌프 피르호가 현미경으로 관찰연구한 내용을 묶어 《세포병리학Die Cellularpathologie》이라는 책을 발표했다.

피르호는 사람의 병이 생리현상, 계통, 장기, 조직이 아닌 세포의 이상이라 주장했다. 이때부터 의학이 획기적으로 발전하게 된다. 현미경을 이용한 관찰이 활발하게 이루어지면서, 세포를 관찰해 질병을 진단하는 세포병리학이 의학의 한 분야로 등장했다. 오늘날에는 병리학자가 암세포를 현미경으로 관찰하지 않으면 진단을 정확히 할 수 없다고 해도 과언이 아닐 정도다. 피르호는 새로운 학문을 탄생시키고 후대 의학 발전에 크게 공헌한 것이다.

19세기 초까지 의학에서는 맨눈으로 관찰하는 것이 대세였다. 그러나 현미경의 성능이 좋아지며 질병의 원인을 점점 더 작은 부분에서 찾는 방향으로 발전하게 되었다. 그 중심에 피르호가 있었고 덕분에 오늘날의 병리학이 탄생했다.

현미경이 사람의 생명을 다루는 의학의 양상을 확 바꾸어 놓은 후 더 좋은 성능의 현미경을 얻기 위한 노력이 계속되었다. 그리하여 20세기에는 전자현미경EM을 거쳐 초고압전자현미경, 전자빔을 사용한 투과현미경Transmission EM, 주사전자현미경Scanning EM 등 새로운 것이 계속 개발되었다. 지금은 더 많은 전자현미경이 개발되어 과거에는 눈으로 확인할 수 없던 것을 활발하게 연구하고 있다.

코흐의 4원칙

피르호가 질병 진단에 현미경을 이용하자는 책을 발표한 후 얼마 지나지 않았을 때 코흐는 감염병의 원인이 세균이라는 사실을 알아냈다. 현미경으로 전염병 환자의 병터_{생체 조직에 병적 변화를 일으키는 자리}에서 얻은 검체를 관찰하니, 감염병마다 다른 세균이 발견된 것이다.

1843년에 태어난 코흐는 '세균학의 아버지'라 불린다. 1876년에 탄저균, 1882년에 결핵균, 1883년에 콜레라균을 찾아냈고, 무엇보다 특정 세균이 특정 감염병의 원인임을 증명할 수 있는 원칙을 정립했기 때문이다.

코흐는 현미경을 이용해 당시 유럽에서 큰 문제였던 탄저 연구에 집중했고, 탄저에 걸린 쥐의 혈액에서 특이하게 발견되는 간상체 모양의 미생물을 발견했다. 그리하여 1876년, 인류 역사상 전염병의 원인이 되는 병원체를 처음으로 발표할 수 있었다.

코흐는 특정 세균이 특정 질병의 원인이라고 규정하기 위해서는 몇 가지 조건을 만족시켜야 한다고 주장했다. 4원칙이라 이름 붙은 이 조건은 다음과 같다.

1. 질병을 앓고 있는 환자나 동물에서 병원균이 반드시 발견되어야 한다.
2. 병원균은 질병을 앓고 있는 환자나 동물로부터 순수배양법에

의해 분리되어야 한다.

3. 분리한 병원균을 건강한 실험동물에 접종하면 같은 질병이 발생해야 한다.

4. 실험으로 감염시킨 동물로부터 같은 병원균이 다시 분리 배양되어야 한다.

4원칙은 세균학의 시작을 알리는 획기적인 이론이었다. 덕분에 1880~1890년대 유럽에서는 각종 감염병의 원인균을 찾기 위한 연구가 널리 진행되었다. 에밀 폰 베링, 기타사토 시바사부로, 예르생, 게오르크 가프키, 율리우스 페트리 등 역사에 이름을 날린 세균학자들이 이때 활약했고, 수많은 병원체를 발견할 수 있었다.

능력을 인정받은 코흐는 1880년 국립 베를린 보건 연구소에 소장으로 취임했다. 이 연구소는 전 세계 연구자들이 모여드는 중심지로 자리 잡았다. 코흐는 1882년에 결핵균의 병원체를 발견했다는 연구 결과를 발표할 수 있었다. 뒤이어 1883년에는 콜레라의 원인균도 발견했다.

하지만 원인만 알고 치료법을 모른다면 환자에게 별 도움이 안 된다. 이에 코흐는 결핵 치료제 개발에 매달렸지만 성공하지 못했고, 이 때문에 한동안 실의에 빠지기도 했다.

코흐는 1896년 남아프리카에 우두 예방법을 도입해 좋은 성과를 거두며 다시 일어섰다. 그리고 아프리카와 아시아 여러 나라를 넘나들며 말라리아, 수면병, 페스트 등 다양한 질병을 연구했다. 그리고 수많은 국가와 학회에서 셀 수 없을 만큼의 상과 감사패를 받았다. 그의 인생 최고의 시기는 1905년일 것이다. 그해에 노벨 생리의학상 수상자로 선정되었기 때문이다. 노벨재단 홈페이지에는 코흐의 수상 업적이 결핵의 원인균을 발견한 것이라 되어 있다. 하지만 이미 수많은 감염병의 원인균이 발견되었던 시점이었기에 단순히 결핵균을 발견했다기보다는 세균학 분야에서 그가 이룬 업적 전체를 위대한 공로로 인정했다고 생각하는 편이 더 타당하다.

보이지 않는 위협, 바이러스

바이러스는 현재까지 알려진 가장 작은 단세포다. 에너지를 생산하지 못하고, 물질대사도 하지 못한다. 스스로 증식하지도 못하므로 반드시 숙주가 필요하다. 즉, 독자적으로 생명현상을 유지할 수 없기 때문에 생물체와 무생물체의 중간으로 분류한다.

바이러스의 크기는 10~100나노미터 정도다. 1,000배를 확대해도 10~100마이크로미터^{100마이크로미터는 0.1밀리미터라서} 1,000배로 확대할 수 있는 광학현미경으로는 어떤 모양인지 관찰할 수도 없다. 그런데 예외적으로 아주 큰 바이러스가 발견되기도 한다. 흔히 거대바이러스라 부르며 때로는 세균보다 큰 것도 있을 정도다. 바이러스를 제대로 구별하기 위해서는 광학현미경보다는 성능이 훨씬 좋은 전자현미경을 이용해야 한다.

바이러스가 일으키는 질환 중 두창이 있다. 두창은 오래전부터 인류에게 알려져 있었다. 두창에 걸리면 회복된다 해도 몸에 보기 흉한 흔적이 남으므로^{세균에 의해 발생하는 한센병과 매독도 마찬가지다} 예로부터 공포의 대상이었다. 스페인이 아메리카 대륙을 차지할 수 있었던 가장 큰 이유기도 하다. 두창이 유행해서 면역력이 전혀 없던 아메리카인들이 큰 피해를 입었기 때문이다.

바이러스를 발견하다

바이러스라는 용어는 라틴어로 '독을 지닌'이라는 뜻의 virulent

▶세균과 바이러스◀

	세균	바이러스
크기	1~10μm(1μm=1/1,000mm)	10~100nm(1nm=1/1,000μm) (거대바이러스와 같이 특별히 큰 것도 있음)
유전물질	DNA	DNA 또는 RNA
증식	스스로 가능	숙주세포 내에서만 가능
물질대사	가능	불가능
바깥 부분	지질이중층인 세포막	단백질 껍질
세포소기관	있음	없음
구성	세포 (세포막, 세포벽, 세포소기관 등을 지님)	핵산과 단백질이 결합된 분자와 비슷함

에서 유래했으며 1400년경부터 사용했다. 당시에는 바이러스의 존재를 전혀 몰랐지만 독성을 지닌 물질이 있다는 것은 알고 있었다. 1728년에 '감염을 일으킬 수 있는 병원체'라는 뜻으로 사용되기 시작했고, 1892년부터 오늘날과 같은 뜻으로 사용되기 시작했다.

어떻게 바이러스를 발견하게 되었을까? 1870년대에 세균의 종류와 특성을 규명한 코흐는 여러 가지 배지미생물을 인공적으로 증식하기 위해서 만든 영양원를 사용해 가면서 세균이 잘 자라는 조건을 찾고자 했다. 배지에서 세균이 충분히 자라면 여과지필터를 통과시켰다. 여과지에는 눈에 보이지 않는 작은 구멍이 뚫려 있지만 세균은 구멍보다 커서 통과할 수 없다. 따라서 세균이 자란 배지를 부으면 세균만 여과지 위에 남게 된다.

호기심이 충만한 학자들은 여과지를 통과한 배지를 그냥 버리지 않고, 배지의 특성을 확인하는 실험을 병행했다. 그 결과는 놀라웠다. 일부 감염병의 경우 현미경으로는 병터에서 어떤 세균도 발견할 수 없고 여과지가 걸러 낸 세균도 없었지만, 여과지를 통과한 용액을 실험동물에 주입하면 같은 병이 생겼다. 1892년 러시아의 드미트리 이바노프스키가 담배모자이크병에 걸린 담뱃잎의 즙을 여과한 후, 이미 여과된 용액에 질병을 일으키는 성질이 있음을 발견했다. 최초로 바이러스를 발견한 사건이다.

19세기가 끝나갈 무렵, 미국은 중남미 지역까지 영향력을 확대하려고 애쓰고 있었다. 그런 미국에게 가장 큰 장애가 되었던 것은 중부아메리카 지역에서 수시로 유행하면서 수많은 사람의 목숨을 앗아 간 황열yellow fever이었다. 이를 조사하는 책임자로 임명된 월터 리드는 황열이 바이러스에 의한 감염병임을 증명함으로써 해결의 실마리를 찾았고, 1927년에 막스 타일러가 황열의 원인이 되는 바이러스를 분리하는 데 성공했다.

1910년대에는 세균에 기생하는 바이러스가 발견되었다. 1915년 영국의 프레더릭 트워트는 이 바이러스에 '박테리오파지'라 이름 붙였다. 세균을 먹고 산다는 뜻이다. 바이러스가 사람, 동물, 식물과 같은 진핵세포는 물론 세균 같은 원핵세포에도 기생할 수 있음이 밝혀진 것이다.

지금은 전자현미경의 발달로 바이러스를 볼 수 있으며, 모양과 성질에 따라 2,000종이 훨씬 넘는 바이러스가 알려져 있다. 하지만 새로운 바이러스가 계속해서 발견된다.

바이러스의 변이

바이러스는 변이같은 종에서 성별, 나이와 관계없이 모양과 성질이 다른 개체가 존재하는 현상가 수시로 일어나서 우리를 혼란스럽게 한다. 유전적 불완전성 때문이다. 다른 생물체에게 DNA와 RNA 두 가지 핵산이 있는 것과 다르게 바이러스는 DNA와 RNA 중 한 가지만 가지고 있다. 이를 토대로 DNA 바이러스와 RNA 바이러스로 구분한다.

DNA는 유전정보를 가지고 있으며 RNA는 DNA의 유전정보를 이어받아 세포질에 있는 리보소체가 단백질을 합성할 수 있도록 전달해 주기만 한다고 알려져 있다. 따라서 DNA가 없는 바이러스가 발견되는 것은 신기한 일이다.

숙주세포에 감염된 바이러스가 증식하기 위해서는 DNA가 복제되어야 한다. RNA 바이러스가 숙주세포로 들어가면 이 RNA로부터 DNA를 만들어 낸다. 문제는 DNA를 합성하는 과정을 담당하는 역전사효소의 기능이 완전하지 못해 DNA 가닥 속에 엉뚱한 염기를 집어넣어 변이를 일으킨다는 점이다. 따라서 사람에게 병을 일으키는 바이러스 중에는 RNA 바이러스가 많다. 코로나19와 메르스, 에이즈, 출혈과 열이 특징인 에볼라 출혈열, 살인진드기로 유명한 중증열성혈소판감소증, 일본 뇌염, 독감 등 수

▶DNA와 RNA◀

	DNA	RNA
구조	주로 이중나선 모양의 두 가닥	단일가닥
염기	A, C, G, T	A, C, G, U
탄수화물 성분	디옥시리보스(deoxyribose)	리보스(ribose)
기능	유전정보를 저장	유전정보를 전달
효소 기능	없음	가능

많은 바이러스 질환이 RNA 바이러스에 의해 발생한다.

암을 일으키는 바이러스

페이턴 라우스는 존스 홉킨스 의과대학을 졸업한 뒤 록펠러재단의 장학금을 받아 림프구에 관해 연구했다. 그리고 이때의 연구 결과를 토대로 암 연구자로서의 인생을 시작했다.

1909년 한 농부가 암세포가 자라나 덩어리가 만져지는 닭을 가지고 라우스를 찾아왔다. 암은 오래전부터 알려진 병이었지만 그때까지 원인을 제대로 찾지 못한 상태였다. 암이 생기는 과정에 관심 있던 라우스는 농부가 가져온 닭을 이용해 연구를 진행했다.

닭의 가슴에 달린 혹에서 세포를 떼어 관찰한 결과 근육에 발생하는 육종sarcoma, 근육세포에 생긴 악성 종양의 특징을 보였다. 라우스는 이 조직을 떼어 낸 후 액체질소로 완전히 냉동시킨 다음 갈아서 미세한 조각으로 만들었다. 다음으로 이렇게 얻은 검체를 용액에 담근 후 세균을 추출할 때 사용하는 여과지에 통과시켰다. 여과된 물질과 여과지에 남은 물질을 각각 닭의 근육에 주사했는데, 여과지를 통과한 물질을 주사한 닭의 근육에서 똑같은 육종이 발생했다. 라우스는 새로 생긴 육종 조직에 종양을 형성하는 물질이 포함되어 있음을 확인했다.

라우스의 연구 방법은 세균이 감염병의 원인임을 증명하기 위해 다른 학자들이 사용한 방법과 같았다. 차이라면 여과지로 거른 세균뿐 아니라 여과지를 통과한 물질을 이용했다는 점이었다. 이를 통해 암을 일으키는 최초의 바이러스를 발견할 수 있었다.

이미 이바노프스키가 세균보다 훨씬 작은 바이러스에 대해 정의해 놓은 상태였고, 라우스가 발견한 내용은 그 정의에 잘 맞아떨어졌다. 라우스는 자신이 발견한 바이러스에 라우스육종바이러스Rous sarcoma virus라 이름 붙이고, 1910년 <무세포 여과액에 의한 악성 신생물의 전달>이라는 제목의 논문을 발표했다. 바이러스가 암을 일으킨다는 사실을 처음 발표한 논문이다. 현재는 간암을 일으키는 B형간염바이러스와 C형간염바이러스, 자궁경부암을 일으키는 사람유두종바이러스 등 인체에 암을 일으키는 여러 바이러스가 알려져 있다.

라우스는 닭의 육종에서 분리한 바이러스를 다른 연구실에 보내 주려 했다. 하지만 필요한 만큼의 바이러스를 얻기 힘들었다. 게다가 바이러스가 포함된 용액을 공급받은 연구자들이 반복 실험에 반드시 성공하는 것도 아니었으므로 차차 관심이 줄어들었다.

어떤 학문이 발전하려면 주변 분야도 함께 발전해야 한다. 1910년은 바이러스학이 겨우 태동한 시기였고 미생물 연구에서 필수라 할 수 있는 배양배지를 이용하여 미생물을 인공적으로 늘리는 일이 전혀 이루어지지 않았다. 배양을 통해 증식시키지 못하니 더 이상의 연

구가 어려웠다. 결국 라우스도 바이러스의 발암 연구를 중단하고
말았다.

역사적으로 많은 선구자가 주류에서 벗어난다는 이유로 무시
되곤 했다. 그러나 라우스의 경우는 달랐다. 라우스가 중년 시절
을 보내는 동안 바이러스를 배양할 수 있는 방법이 알려졌고, 또
다른 연구자들이 암의 원인으로 의심되는 바이러스를 발견하기
시작했다. 이에 라우스는 다시 바이러스 연구로 돌아와 말년을
보냈다. 그리고 87세가 된 1966년 노벨 생리의학상 수상자로 결
정되었다. 학회에 발표한 지 56년이 지나서야 노벨상을 수상했
으니 생리의학상 수상자 중 가장 오랜 시간이 걸린 것이다. 그의
연구가 시대를 앞서갔음을 보여 준다.

유전물질 DNA

1865년 그레고어 멘델이 유전법칙을 발견했다. 하지만 널리 알
려지지 못한 채 19세기가 흘러갔다. 그 후 1900년 휘호 더프리
스, 카를 코렌스, 에리히 체르마크가 각자 유전에 관한 논문을 발
표하면서 유전법칙이 재발견되었다.

전혀 모르는 사람보다는 부모와 닮았고, 사람이 새보다 영장류
와 더 닮은 것은 유전형질이 더 가깝다는 뜻이다. 20세기 초반에
는 부모의 특징을 자식에게 전달하는 물질이 단백질이라고 생각
했다. 단백질은 종류가 아주 다양할 뿐만 아니라 사람 몸의 기능

대부분을 담당하고 있기 때문이다. 그러나 1944년에 오즈월드 에이버리에 의해 유전을 담당하는 물질이 DNA라는 사실이 증명되었고, 학자들은 혼란에 빠졌다. 어떻게 이렇게 단순하게 생긴 생체분자가 유전이라는 복잡한 생명현상을 맡을 수 있는 것일까?

1952년 앨프리드 허시와 마사 체이스는 박테리오파지를 이용해 흥미로운 실험을 했다. 박테리오파지는 단백질로 된 껍데기 내부에 DNA 또는 RNA를 포함하고 있다. 허시와 체이스는 박테리오파지의 단백질과 DNA에 그 존재를 확인할 수 있도록 각각 방사성동위원소를 붙인 후 세균 표면에 붙여 놓았다. 그러자 박테리오파지의 껍데기는 세균 표면에 붙어 있는 상태에서 내용물만 세균 속으로 들어갔다. 이후에 세균의 세포막을 파괴한 다음 세균이 가지고 있는 물질에 방사성동위원소가 붙어 있는지 확인하자 DNA에 붙인 방사성동위원소가 확인되었다. 박테리오파지의 DNA가 세균으로 들어갔다는 뜻이다.

실제로 세균으로 들어간 DNA는 세균의 DNA 복제와 단백질 발현 기전을 이용해 DNA로부터 완전한 형태의

> **방사성동위원소**
>
> 어떤 원소의 동위원소들 중에서 방사능을 지니고 있는 원소. 눈에 안 보이는 물질의 존재를 알아보기 위해 그 물질에 포함된 일부 원소를 방사성동위원소로 바꾸어 주면 눈에 보이지 않는 빛을 발산한다. 이 빛을 필름에 감광시키면 그 물질의 존재 여부를 알 수 있다.

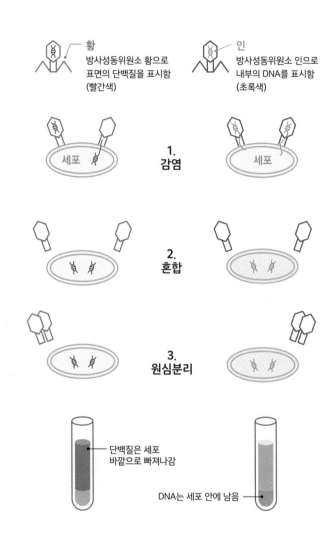

황
방사성동위원소 황으로
표면의 단백질을 표시함
(빨간색)

인
방사성동위원소 인으로
내부의 DNA를 표시함
(초록색)

세포

세포

1.
감염

2.
혼합

3.
원심분리

단백질은 세포
바깥으로 빠져나감

DNA는 세포 안에 남음

DNA가 남아 있는 세포에서만 완전한 박테리오파지가 만들어짐

박테리오파지를 이용한 허시와 체이스의 실험

박테리오파지를 만들어 낼 수 있으며, 이렇게 생성된 박테리오파지는 세균 밖으로 빠져나와서 세균에 들어가기 전과 같은 상태가 된다. 박테리오파지 입장에서는 부모에게서 자식이 태어난 것과 같은 결과다.

허시와 체이스의 실험은 DNA만 있으면 개체의 형질을 모두 결정할 수 있다는 점을 밝혀냈다. 간단하고 작은 분자인 DNA 안에 생명체에게 필요한 단백질을 합성할 수 있는 정보가 모두 담겨 있다. 생명현상의 오묘함을 다시 한번 실감하게 된다. 이 실험 덕에 유전을 담당하는 물질이 무엇인가에 대한 의문은 깔끔하게 해소되었으며, 이듬해에 제임스 왓슨과 프랜시스 크릭을 통해 DNA의 구조도 알려지게 되었다.유전을 담당하는 DNA가 이중나선 모양을 하고 있다.

바이러스가 세균을 감염시킬 수 있다는 사실에서 유전을 담당하는 물질이 DNA라는 점을 밝혀낸 일은 막 태동하던 분자생물학을 비약적으로 발전시키는 토대를 마련했다.

광우병의 원인 프라이온

1984년 영국에서 광우병에 걸린 소와 사람이 수시로 발견되며 전세계가 공포에 떨었다. 그 이전에는 우리나라에서 헌혈할 때 광우병에 대한 내용을 조사하지 않았지만 지금은 특정 시기에 영국에 머문 경험이 있는 이들은 헌혈에 부적합하다고 판정한다. 혹시라도 광우병의 원인이 되는 프라이온이 사람에게 들어온다면 뇌 기능 저하에 의해 폐인처럼 변해 갈 가능성이 있기 때문이다.

다행히 지금은 전 세계적으로 논란이 어느 정도 일단락된 것처럼 여겨진다. 하지만 2008년에 우리나라에서 미국산 쇠고기 수입을 협상할 당시에는 시민들이 촛불을 들고 광화문 광장에 모이는 일이 벌어지기도 했다. 협상 내용이 광우병에 대한 공포를 없애기에 부족했던 까닭이다. 안전하다고 주장한 정부 관계자들이 정부 청사 식당에서 미국산 수입소로 만든 음식을 먹었다면 국민들이 쉽게 안정될 수 있었을 텐데 왜 그 소를 군인들에게 공급하겠다고 하여 나라를 시끄럽게 한 것인지는 아직도 이해가 가지 않는 일이다.

프라이온 질병의 시초, 쿠루

1950년대 후반, 파푸아뉴기니에 특이한 질병이 존재한다는 사실이 알려졌다. 동부의 산간 오지에서 긴 세월을 살아오고 있는 포어족에게서 다른 어느 나라의 사람들에게서도 발견된 적 없는 질병이 나타난 것이다.

포어족에게 나타난 질병의 이름은 쿠루였다. 이 병이 발생하면 균형을 제대로 잡을 수 없게 되며 감정 불안, 언어장애, 보행장애, 근육이 마음대로 움직이지 않고 떨리는 현상, 치매 증상과 같이 뇌신경계통에 이상 징후를 보이다 사망하게 된다. 쿠루의 치료법은 오늘날까지도 찾지 못했으며, 보통 수년간의 잠복기를 거친 후 증상이 나타나면 1년 이내에 죽음에 이른다.

쿠루를 나라 밖으로 처음 소개한 사람은 그 지역에 파견되어 의사로 일하던 빈센트 지가스였다. 파푸아뉴기니는 독립국가가 되기 전까지 오스트레일리아 정부가 통치하고 있었다. 지가스의 보고를 들은 오스트레일리아 정부는 포어족이 섬 밖으로 나오는 것을 금지한 채 이 질병에 대한 연구를 진행했다. 때마침 오스트레일리아를 방문했던 미국 출신의 의사가 이 질병에 관심을 가졌으니 그가 바로 대니얼 가이듀섹이다.

가이듀섹은 월터 리드 육군병원에서 바이러스를 연구했고, 중동과 남태평양제도를 돌아다니며 그 지역의 토착 질환과 원시 부족에게 생기는 질병에 관심을 가지기 시작했다. 그러던 중 오스트레일리아에서 연구할 기회를 얻어 1954년부터 프랭크 버넷 면역 관용을 발견해 1960년 노벨 생리의학상을 수상했다의 연구실에서 면역학 연구에 참여하게 되었다. 곧이어 오스트레일리아 원주민의 소아 발육과 질병에 대해 연구하던 중 포어족 이야기를 듣게 된 것이다.

지가스는 이 질병이 지금까지 발견되지 않은 새로운 질병일 것이라는 이야기를 해주었다. 이에 가이듀섹은 1957년, 동료들과 함께 해발 1,000~2,500미터의 고원지대에 있는 포어족의 마을로 향했다. 포어족에게는 카니발리즘cannibalism이라는 풍습이 있었다. 가까운 가족이 사망할 경우 애도하는 마음으로 시신의 살코기나 뇌의 조직을 먹는 풍습이었다. 오스트레일리아의 의학자들은 식인 습관이 쿠루 발병의 원인이라고 생각했다. 왜냐하면 카니발리즘은 여성과 어린이들에게서 흔히 볼 수 있는 습관이었고, 쿠루 환자 중에 남자 어른은 드문 반면, 여성과 어린이들은 아주 많았기 때문이다.

이에 가이듀섹은 1959년부터 포어족의 식인 의식을 폐지하도록 했다. 그러자 더 이상 어린이 환자가 생기지 않았다. 어른 환자는 계속해서 발생했지만 1959년 이전에 이미 시체로부터 원인이 되는 물질을 섭취했기 때문으로 풀이되었다.

가이듀섹은 포어족의 식인습관에서 유래한 특수한 감염성 인자를 지발성 바이러스slow virus라 발표했고, 이 공로를 인정받아 1976년 노벨 생리의학상 수상자로 선정되었다.

쿠루의 원인을 찾기까지

가이듀섹은 포어족 주민들과 일상생활을 함께하며 연구를 계속했다. 그는 시신을 섭취한 사람들의 소뇌, 뇌간, 대뇌기저핵 등에서 신경세포가 탈락하거나 변성되는 현상을 관찰했으며, 이로 인해 신경계 질환이 나타난다는 사실을 유추해 냈다.

뚜렷한 치료법을 찾지 못했지만 식인 의식을 금지한 결과 쿠루 발생이 눈에 띄게 줄어들었다. 가이듀섹은 쿠루가 감염성 질환이라고 확신할 수 있었다. 그리고 자신의 이론을 증명하기 위해 약 반세기전 라우스가 실험했던 방법을 모방해 1960년대 초부터 실험을 시작했다.

그는 쿠루로 사망한 환자의 뇌를 갈아 뇌 조직을 조각낸 다음 이를 걸러서 균질화한 용액을 실험동물에게 접종했다. 초기에는 같은 증상이 나타나지 않았지만 끈기를 지니고 연구에 임한 결과 흥미로운 현상을 관찰할 수 있게 되었다.

가이듀섹의 눈이 번쩍 뜨인 것은 약 1년 반이 지나서였다. 실험에 이용된 세 마리의 침팬지 중 한 마리가 쿠루와 유사한 증상을 보이기 시작한 것이다. 그로부터 약 2개월 후 두 번째 침팬지에서 쿠루 증상이 나타나기 시작했고, 곧이어 세 번째 침팬지도 거의 유사한 증상을 보였다.

쿠루가 감염병이라는 사실을 확인한 가이듀섹은 다음 실험에 들어갔다. 쿠루가 생긴 침팬지의 뇌 시료를 건강한 다른 침팬지의 뇌에 접종하는 실험이었다. 그러자 발병 시기는 더욱 빨라져 10~12개월 만에 쿠루 증상이 나타났다. 이 결과는 종이 비슷할수록 쿠루가 발병하는 데 걸리는 시간이 빠르다는 사실을 알려 주었다.

가이듀섹은 쿠루가 아주 긴 잠복기를 거쳐 바이러스에 의해 발생한다고 생각했다. 그의 연구는 다른 중추신경계 질환도 지발성 바이러스가 원인일 수 있다는 생각을 하게 함으로써 신경계 질환 연구에 커다란 전환점을 마련해 주었다.

프라이온의 일반적인 특징

1997년 노벨 생리의학상을 수상한 스탠리 프루지너의 수상 업적은 프라이온을 발견한 것이다. 즉, 프라이온은 프루지너가 최초로 발견한 물질이며, 프라이온이라는 용어는 1982년에 그가 발표한 논문에서 처음 사용되었다.

프라이온은 일종의 단백질이다. 그러나 일반적인 단백질과 다른 성질을 지니고 있고, 이 특성이 사람과 동물에게 치명적인 질병을 일으키는 원인이 된다. 프라이온은 정상 단백질을 자신과 같은 형태로 변형시키며, 신경세포 내에 쌓이면 신경세포의 기능을 망가뜨려 신경 퇴행을 불러온다.

프라이온이 모두 질병을 일으키지는 않는다. 정상적인 기능을 하는 프라이온이 어떤 이유에 의해 변형되면 문제가 된다. 질병을 일으킬 수 있는정상 입장에서 보면 변형된 프라이온과 접촉하는 경우가 대표적이다.

프라이온에 의해 발생하는 질병으로 쿠루, 크로이츠펠트-야콥병Creutzfelt-Jacob Disease, CJD, 광우병 등이 있다. 수많은 연구가 이루어지고 있지만 아직까지 '과학적으로 규명'된 것은 많지 않다. 발표되는 내용을 보면 서로 다른 연구 결과가 제시되기도 하고 현대 생명과학으로 설명할 수 없는 특이한 결과가 나타나는 경우가 많기 때문이다.

프라이온은 가열해도 파괴되지 않는다. 뚜렷한 해결책이라고는 프라이온 질병이 발생한 동물을 가까이하지 않는 것뿐이다. 정상적으로 존재하는 프라이온이 변형되면 불치의 질병이 생긴다는 점은 잘 알려져 있지만 이 프라이온의 정상적인 기능에 대해서는 아직 밝혀지지 않았다. 앞으로 더 많은 연구가 필요하다.

프라이온에 의해 발생하는 크로이츠펠트-야콥병

크로이츠펠트-야콥병은 아주 드물게 나타나는 병으로, 퇴행성 신경질환degenerative neurological disease이다. 이 병이 처음 보고된 것은 1920년이며, 병의 이름은 발견자인 독일의 신경병리학자 한스 크로이츠펠트와 알폰스 야코프의 이름에서 따왔다. 뇌에 스폰지 모양으로 구멍이 뚫리는 전염성 해면상 뇌질환transmissible spongiform encephalopathy 중에서는 가장 많이 발생하는 병이다.

크로이츠펠트-야콥병은 100만 명당 1명꼴로 나타난다. 일반적으로는 중년에서 노년 사이40~75세에 발생하며, 초기 증상은 아주 미약하지만 점차 증상이 심해져 온몸을 가눌 수 없게 되거나 심각한 치매로 이성적인 판단이 어려워진다.

뇌에 있는 신경조직과 세포가 파괴되어 구멍이 뚫린 모양으로 바뀐다. 정신과 운동의 기능을 담당하는 세포가 파괴된다. 과정은 확실치 않고, 프라이온이 원인이라는 점만 알려져 있을 뿐이다. 아직까지는 뚜렷한 치료법 없이 증상에 따라 치료한다.

이외에도 프라이온이 원인인 병으로는 게르스트만 슈트로이슬러 샤인커 병, 치명적 가족성 불면증, 전염성 해면상 뇌질환에 속하는 스크래피 등이 있다.

진로 찾기 **감염내과 의사**

우리는 몸에 이상을 느끼면 병원으로 간다. 대부분은 집 근처의 의원진료소에서 만난 의사가 문제를 해결해 주지만, 좀 더 전문적인 검사나 치료 장비가 필요한 경우에는 의사가 더 큰 병원으로 가 보라는 이야기를 하면서 진료의뢰서를 써주기도 한다. 진료의뢰 서에는 보통 큰 병원에서 어느 과를 찾아가라는 내용이 담겨 있 다. 병원에는 아주 많은 부서가 있고, 전문적으로 특정 질병만 다 루는 의사들이 서로 다른 분야에서 환자들을 돌본다.

의사로 일하기 위해서는 의사면허시험을 통과해야 한다. 이 시험은 의과대학 졸업 예정자만 응시할 수 있으므로 의과대학에 입학하지 않고 다른 길을 통해 의사가 될 수 있는 방법은 없다. 의사면허시험을 통과한 사람을 일반의라 한다. 현대 의학은 의과대학 시절에 공부한 내용만으로 감당할 수 없을 만큼 높은 수준까지 발전해 있으므로 대부분의 일반의는 인턴과 전공의레지던트 과정을 거치며 수련을 받는다. 인턴은 1년, 전공의는 과에 따라 다르지만 보통 3~4년으로 이루어진다. 전공의를 마치면 본인이 선택한 과목을 잘 마쳤음을 증명하기 위해 시험을 치르는데, 이를 통과하면 전문의로 인정받을 수 있다.

내과, 외과, 소아청소년과, 산부인과, 정신과, 응급의학과, 안과, 이비인후과, 피부과 등 전문의 시험과목은 아주 다양하다. 특히 주로 수술적 치료를 담당하는 외과는 정형외과, 신경외과, 성형외과, 흉부외과 등이 독립해 전문의 시험을 치르고 있다. 진단검사의학과, 영상의학과, 마취통증의학과 등은 직접 환자를 만나는 일이 흔치 않아도 다른 분야와 마찬가지로 전공의 과정을 마쳐야 전문의 시험에 응할 수 있다.

내과도 여러 과로 나뉘어 있다. 소화기내과, 호흡기내과, 심장내과, 내분비내과, 신장내과, 혈액내과, 종양내과, 감염내과, 알러지내과, 류마티스내과다. 이렇게 10개 부서로 구분하는 것은 전문의 시험 과목과는 다르다. 내과 전공의 과정을 밟으면 내과 전문의 시험을 쳐야 하고, 이를 통과하면 내과 전문의가 된다. 이미 전문의가 되었지만 내과에서 특정 분야를 더 공부하고 싶은 경우 10개 전공 분야 중 한 가지를 선택해 더 일하게 되는데 이런 의사를 전임의라 한다.

인체에 발생한 감염질환을 주로 다루는 감염내과 전문의정확히는 '감염내과 분과전문의'가 더 옳은 표현이다로 일하려면 내과 전문의가 된 후에 종합병원 감염내과에서 2~3년간 더 전임의로 일하면 된다. 아직은 이러한 분과전문의가 되기 위한 시험이 존재하지 않지만 앞으로는 도입될 가능성이 크다.

감염내과 분과전문의가 된다면 열이 나고 림프샘이 부어서 찾아온 환자를 일상에 복귀할 수 있게 도울 수 있다. 모든 감염병이 쉽게 치료되지는 않는다. 하지만 과거에는 치명적이었던 페스트, 독감, 결핵, 매독, 탄저 등의 감염병을 이제는 어렵지 않게 치료할 수 있다. 아직 치료하기 어려운 감염병을 해결하기 위해 전 세계에서 연구 중이다.

감염내과 환자를 전문적으로 치료하는 의사는 거의 모든 전염병 치료를 맡는다. 콜레라, 장티푸스와 같이 작은창자에서 병을 일으키는 수인성전염병은 소화기내과에서, 감기, 독감, 코로나바이러스 감염증과 같이 호흡기계통에서 병을 일으키는 경우는 호흡기내과에서 치료를 맡기도 한다. 의사는 계속 공부하면서 자신의 능력을 키워 많은 환자를 잘 처치해 주는 것이 중요하다.

진로 찾기 **간호사**

의학을 베푸는 사람으로 흔히 의사를 떠올리지만 실제로는 간호사가 훨씬 더 많다. 의사는 간호사뿐 아니라 물리치료사, 작업치료사, 임상병리사, 방사선사 등 다양한 직종의 의료인을 이끄는 팀장 역할을 한다. 만약 다른 의료인들이 없다면 혼자서 모든 일을 하느라 엄청난 시간을 소모해야 할 것이며, 그랬다가는 환자들을 돌볼 시간이 부족해질 것이다.

19세기 중반 산업혁명 이후 도시에 수많은 사람이 모여들었다. 좁은 공간에 많은 사람이 살게 되었지만 위생 관념이 부족해 전염병이 퍼지기 쉬운 상황이었다. 사회개혁 운동에 관심이 컸던 플로렌스 나이팅게일은 환자를 돌볼 능력을 지닌 여성을 양성해야 한다고 주장했다. 당시에는 의사와 조수 외에 의료인이 없었고, 의사를 돕는 조수는 주로 남성이었기에 나이팅게일의 주장은 혁신적이었다. 빅토리아 여왕은 이 주장을 받아들였고, 나이팅게일의 뜻에 따라 설립된 학교에서는 영국의 보건의료 개선에 도움이 되는 인력을 많이 길러 냈다. 오늘날 나이팅게일이 간호사라는 직종을 만들었다는 이야기를 듣는 이유다. 그리고 한 세기 반이 넘는 시간이 흐르는 동안 의료계에는 훨씬 많은 직종이 탄생했다.

간호사로 활동하려면 보통은 4년제 또는 3년제 대학 간호학과에서 공부한 후 한국보건의료인국가시험원에서 주관하는 간호사 시험에 합격해야 한다. 간호사 면허를 얻으면 큰 대학병원이나 종합병원, 작은 병원, 의원에서 모두 일할 수 있으며 학교에서 보건교사로 일하기도 한다.

병원에 가면 환자는 외래에서 진료를 받은 후 수술 등 아주 특별한 처치를 할 때나 의사를 직접 만난다. 입원해 있더라도 주치의가 회진을 돌 때 만날 수 있을 뿐이다. 실제로 의료혜택을 받을 수 있도록 가까이에서 돌봐 주는 사람은 주로 간호사다.

오늘날 간호사들의 업무 영역은 점점 넓어져 가고 있다. 과거에는 의사의 일이었지만 지금은 간호사가 하는 일이 많으며, 간호사가 된 후에 특정 분야의 일을 전문적으로 잘할 수 있는 능력을 키우는 전문간호사도 있다.

간호사는 병원에서 일하면서 다양한 질병 치료에 직접 임해

환자가 건강을 회복하고 사회와 가족의 품으로 돌아가는 과정을
함께할 수 있다. 또 간호학 지식을 바탕으로 보건의료와 관련된
공공기관에서 일하면서 보건정책이 더 잘 집행되도록 기여할 수
도 있다. 간호사의 활동 영역은 생각보다 다양하다.

2장

인류와 함께한
전염병

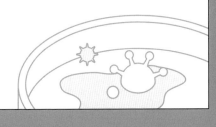

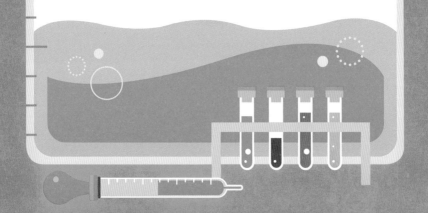

오래전부터 전염병은 역사의 흐름을 바꾸었다.
인류 역사의 주인공이라고 할 수 있을 정도다.

말라리아, 가장 많은 생명을 해치다

말라리아에 대한 기록을 처음으로 남긴 사람은 누구일까? 기원전 5세기 고대 그리스에서 활동하면서 '의학의 아버지'라고 일컬어지게 된 히포크라테스다. 그는 열이 나는 환자들을 관찰한 뒤 말라리아에 걸린 환자는 체온이 올라가면서 썰렁함을 느낀다는 기록을 남겼다. 기록 속 말라리아가 오늘날의 말라리아인지는 분명하지 않다.

약 300년이 지난 후 로마의 마르쿠스 바로는 늪지대에 살며 보이지 않는 미세한 물질이 입과 코를 통해 인체에 들어오면 질병이 생긴다고 했다. 질병을 예방하려면 집을 지을 때 늪지대를 피해야 한다는 기록을 남기기도 했다. 늪지대는 물이 풍부해 모기가 알을 낳아 부화시키기에 적합하므로 바로의 통찰력이 대단했다고 볼 수 있다.

말라리아란 이탈리아어로 나쁜mal 공기aria라는 뜻이다. 습기가 많은 지역에 있는 공기와 같은 물질이 말라리아를 일으킨다고 생각한 바로의 의견이 영향을 미쳤다. 중세를 지나 근대에 이르기까지 사람들은 미지의 물질이 포함된 나쁜 공기를 들이켜거나 나쁜 공기에 오염된 음식을 먹으면 각종 전염병에 걸린다고 생각했다. 이 학설을 미아즈마설이라 부른다. 19세기에 미생물학이 발전하기 전까지 사람들은 미아즈마설을 믿었다.

로마가 멸망한 진짜 원인은?

고대 서양에서 로마는 그리스와 더불어 크게 번성했던 나라다. 기원전 146년 코린토스 전투에서 로마가 그리스에 승리를 거두면서 유럽의 유일한 문명국가로 자리 잡게 되었다. 당시 로마는 지중해 주변 전체를 통치하면서 전성기를 누렸으며, 오늘날 거의 모든 서양 문화의 근간을 이룰 만큼 영향력을 발휘했다.

로마는 4세기에 콘스탄티누스 황제가 기독교를 공인하고 수도를 콘스탄티노플오늘의 이스탄불로 옮기면서 동로마와 서로마로 나뉘었다. 서로마는 로물루스 아우구스투스 황제가 게르만의 플라비우스 오도아케르에 의해 강제로 폐위되면서 476년에 멸망한다. 이를 고대가 끝나고 중세로 접어들었음을 보여 주는 사건이라고 한다. 그런데 의학적 관점으로는 이 사건을 다르게 바라볼

수 있다. 전성기를 즐기던 로마제국이 멸망에 이른 이유 중 하나
는 말라리아가 유행했기 때문이라는 관점이다.

　루키우스 베루스 황제와 마르쿠스 아우렐리우스 황제가 함께
통치하던 165년, 시리아에 원정을 떠났던 로마군에 두창으로 추정되는
병이 발생했다. 승리를 거두고 고향으로 돌아간 군인들이 이 병을
퍼트렸는데, 169년에 세상을 떠난 베루스는 물론 그의 사후 홀로
통치하다 180년에 세상을 떠난 아우렐리우스도 이 병에 의해 세
상을 떠난 것으로 추정된다. 아우렐리우스가 통치하던 시기에 공
동 황제 역할을 하다 황제에 오른 코모두스도 암살당한 것으로
알려져 있으나 두창에 의해 사망했다는 주장도 있다.

　많게는 황제 3명의 목숨을 앗아 간 두창보다 더 위협이 된 병이
말라리아였다. 말라리아는 주기적으로 열이 오르내리는 것이 특
징이며 모기가 전파한다. 영토가 넓어지면서 모기가 분포하는 지
역도 넓어졌기 때문에 로마에서는 말라리아가 수시로 창궐했다.

　말라리아는 원래 로마의 일부 지역에 국한된 풍토병이었으며
감염되면 사망에 이르는 심각한 질병은 아니었다. 그러나 점령
국에서 온 노예들을 통해 '열대열말라리아'가 전파되어 사망자를
양산하기 시작했다. 정치적으로 혼란이 계속되면서 하천과 해안
의 정비가 부실해 늪지대가 늘어난 점도 말라리아 대유행의 원
인이 되었다.

　주기적으로 발생하는 말라리아는 군대의 전투력을 현저히 약

화시켜 놓았다. 게다가 말라리아가 더 잘 유행하던 농촌지역의 사람들이 도시로 이주하면서 농업 생산성이 떨어졌으며, 준비가 부족한 상태에서 이루어진 도시화도 국력을 떨어뜨리는 데 일조했다. 476년, 서로마제국은 게르만족의 침입에 의해 멸망한다. 말리라아가 국력을 약화시켰기 때문에 과거의 영화를 잃고 전투에서 패배했는지도 모른다.

남아메리카인들이 사용하던 말라리아 치료제

근대에 접어들면서 대항해와 식민지 개척이 일반화되어 유럽에서 열대지방으로 진출하는 일이 많아졌다. 그러나 모기가 왕성하게 활동하는 열대 지역으로 갈수록 말라리아에 의한 피해도 커질 수밖에 없었다.

16세기 초 남아메리카지금의 페루와 에콰도르에서 활동하던 가톨릭 예수회 신부들은 원주민들이 '키나'라고 부르는 나무껍질을 달여서 말라리아 치료제로 사용하는 모습을 발견했다. 남아메리카에서 전통적으로 사용해 온 치료법이었지만 유럽의 주류 의학계에서 이를 무시했으므로 널리 사용되지 않은 채 묻히고 말았다.

1670년대에 영국에서 다시 말라리아가 퍼져 나가기 시작하자 로버트 탈보가 말라리아 특효약을 발견했다고 선전하면서 가루약을 판매했다. 주류 의학계는 탈보의 약을 받아들이지 않았지만, 말라리아에 걸렸던 찰스 2세가 이 약을 사용해 효과를 보았다. 약효에 만족한 찰스 2세는 탈보를 신임해 이 가루약을 말라리아 치료에 적극 활용하도록 했을 뿐 아니라 프랑스 황태자루이 14세의 아들가 말라리아로 고생한다는 소식을 듣자 탈보를 프랑스로 보냈다. 탈보는 가루약으로 황태자를 치료했는데, 프랑스 주류 의학계에서도 이 가루의 효과를 받아들이지 않아서 널리 사용되지는 않았다. 이 약이 남아메리카에서 전해진 키나의 가루라는 사실은 나중에 밝혀졌다.

키나 가루는 정확한 작용기전약이 고유의 효과를 나타내기까지의 과정이 밝혀지지 않은 채 오랫동안 말라리아 치료에 이용되었다. 치료 효과를 입증한 사람은 프랑스의 피에르 조제프 펠레티에와 조제프 카방투였다. 1820년 펠레티에와 카방투는 키나의 껍질에서 말라리아 치료 효과를 지닌 '퀴닌quinine'이라는 물질을 분리했다. 이들이 퀴닌의 구조식원소들의 결합이나 배열 상태를 기호로 표현한 식을 알아냄으로써 퀴닌은 역사상 처음으로 구조식을 알고 사용한 약이 되었고, 대량생산을 할 수 있었다.

퀴닌의 공업적 제조가 끝난 1821년 펠레티에와 카방투는 그동안의 연구 과정과 결과를 기록한 《키나 껍질의 분석화학Analyse chimique des quinquinas》이라는 책을 출판했다. 또한 다른 사람들이 자신들의 업적을 충분히 활용할 수 있도록 조언을 아끼지 않았다. 퀴닌을 판매 목적으로 이용했다면 벼락부자가 될 수도 있었지만 그들은 자신들의 위대한 발견을 오로지 국민 건강을 위해서

퀴닌의 구조식

사용했다. 이를 높이 평가한 프랑스 과학아카데미에서는 1827년 1만 프랑현재 평가액 10억 원 이상을 수여했다. 이렇게 개발된 말라리아 치료제 퀴닌은 사용하면 할수록 효과의 탁월함이 증명되어 19세기가 끝나는 날까지 유일한 말라리아 치료제로서 그 역할을 다했다.

말라리아 연구의 발전

말라리아는 고대부터 이어져 온 전염병이다. 따라서 수많은 학자가 해결책을 찾기 위해 꾸준히 연구해 왔다. 프랑스 외과의사 샤를 라브랑은 1878년부터 알제리에서 파견근무를 하면서 말라리아 연구에 뛰어들었다. 그는 환자들의 혈액을 관찰하던 중 혈액 속의 적혈구 안에서 그때까지 알려지지 않은 작은 유기체를 발견했다. 라브랑은 말라리아도 세균성 전염병의 하나라는 가설을 세웠다. 그러나 이 가설은 코흐의 4원칙에 맞추어 증명할 수 없어서, 말라리아가 세균이 아닌 다른 미생물에 의해 전파된다고 결론지었다. 실제로 말라리아는 모기가 원생동물의 유충을 사람에게 찔러 넣어 발생하므로 뛰어난 결론이라 할 수 있다.

1881년부터 인도에서 의료봉사를 했던 영국의 로널드 로스는 다른 영국 의사 앨버트 킹에게 모기가 말라리아를 전파한다는 이야기를 들었다. 1892년에 다시 인도로 온 로스는 말라리아 환자의 피를 흡입한 모기를 1,000마리 이상 해부하며 이에 대해 연구하기 시작했다. 그러던 1897년, 모기 위벽에 주머니모양의 작은 돌기가 생긴 것을 발견했다. 그 돌기는 자라났으며, 이를 통해 라브랑이 발견했던 원충이 모기의 위벽에서 발생한다는 사실이 확인되었다.

1899년 이탈리아의 조반니 그라시는 모기 중에서도 아노펠레스Anopheles 모기만 말라리아 전파와 관계 있다는 사실을 발표했다. 훗날 매독균을 발견하게 되는 프리츠 샤우딘은 1901년에 모기에 기생하는 말라리아 원충이 적혈구에 기생할 수 있다는 사실을 발견했다. 이로써 모기 안에서 자라는 말라리아 원충의 생활사가 거의 완성될 수 있었다.

로스는 말라리아의 감염 경로를 찾아낸 공로를 인정받아 1902년 노벨 생리의학상을 수상했다. 인체에서 병을 일으키는 원생동물을 최초로 발견한 라브랑도 말라리아의 원충을 발견한 공로로 1907년에 노벨 생리의학상을 받았다.

말라리아는 혈액을 검사해서 말라리아 원충을 찾아내면 확진할 수 있고, 형광항체법이나 효소면역측정법 같은 면역학적 방법으로도 진단할 수 있다. 모기에 물리지 않는 것이 최선의 예방법이므로 말라리아 유행 지역에서 외부 활동을 할 경우 긴소매와 긴바지를 입고 방충망, 모기약, 모기향 등을 사용하는 것이 좋다. 무엇보다 모기가 서식할 수 없는 환경을 만들어야 한다.

1924년 독일의 제약회사 바이어에서는 퀴닌보다 60배나 강한 효과를 지니는 파마퀸pamaquine을 찾아냈다. 파마퀸은 임상실험을 거쳐 1927년에 플라스모퀸이라는 상품명으로 판매되었으나 부작용이 심해 사용하기에 어려웠다. 이어서 1930년 발견된 퀴나크린quinacrine은 아타브린이라는 상품명으로 1932년에 판매되기 시작했다. 이어 유사한 구조의 클로로퀸chloroquine과 하이드록시클로로퀸hydroxychloroquine 등도 개발되었다.

말라리아는 지금까지도 문제가 되지만 다양한 약이 개발되어 과거보다는 치료하기 좋은 편이다. 특히 중국의 투유유가 개발한 아르테미시닌artemisinin은 말라리아 치료에 획기적인 효과를 보여, 투유유는 2015년 노벨 생리의학상 수상자로 선정되었다. 한편 클로로퀸 유도제인 하이드록시클로로퀸이 개발되어 말라리아 치료에 사용되었다. 이 약은 코로나19의 치료제로 권장되기도 했으나 임상시험 결과 효과가 별로 없는 것으로 나타나 코로나19 치료제를 열망하고 있는 세계인들을 실망시키기도 했다.

말라리아 원충은 삼일열, 사일열, 난형열, 열대열 4개 종류다. 우리 조상들은 정체 불명의 열이 주기적으로 나타나는 병을 학질, 돌림병질병이 여러 사람에게 전파되어 돌아다닌다는 뜻에서 유래, 하루거리 등이라 불렀다. 우리나라 역사책에 말라리아로 보이는 질환이 처음 나타난 것은 고려 의종 때1152이며, 이 질병이 수시로 유행했음을 알 수 있다. 1886년 발행된 제중원의 보고서에는 간헐성 발열 증세를 보인 풍토병 환자 중 삼일열 171명, 사일열 713명으로 기록되어 있어서 전체는 아니더라도 일부는 말라리아 환자일 것으로 추정된다. 우리나라에서 발견된 대부분의 환자는 상대적으로 증상이 경미한 삼일열말라리아다. 열대지방에 많은 열대열말라리아는 치료하지 않으면 치사율어떤 병에 걸린 환자 중에서 그 병으로 죽은 환자의 비율이 10퍼센트에 이르고, 치료해도 사망하는 경우가 생기고는 한다.

우리나라에서는 1960년대 초부터 세계보건기구WHO, World Health Organization와 공동으로 대대적인 항말라리아 사업을 전개한 결과 휴전선 지역을 제외하면 환자가 크게 줄어들었다. 그러나 완전히

퇴치하기까지는 아직 갈 길이 멀다. 북한에서 1990년대에 세계
보건기구에 말라리아 치료제인 클로로퀸 공급을 요청했는데, 한
동안 줄어들고 있던 말라리아가 재유행한 것으로 생각된다.

십자군전쟁 이후 찾아온 한센병

해와 하늘빛이 문둥이는 서러워
보리밭에 달 뜨면 애기 하나 먹고
꽃처럼 붉은 울음을 밤새 울었다

서정주가 쓴 <문둥이>라는 시다. 사회에서 버림받은 채 살아
가는 문둥이의 모습을 아주 짧은 시로 표현해 수많은 사람의 심
금을 울렸다. 하지만 청소년기에 이 시를 대한 지 40년의 세월이
흐른 후 다시 읽어 보니 제목부터 바꾸어야겠다는 생각이 든다.

과거에는 나균에 감염되어 흉한 모습으로 변해 가는 병을 '문둥
병' 또는 '나병'이라 불렀다. 하지만 이것은 결코 올바른 용어가 아
니었다. 똑같은 말도 상황과 어감에 따라 달라진다. '문둥이'라는

제목은 서정주가 이 시를 쓴 목적에 합당한 용어가 아닌 것 같다.

우리나라에서는 20세기 초반에 전국 곳곳에 한센병 환자를 위한 수용소를 마련해 놓았고, 수용소는 이청준의《당신들의 천국》과 같은 문학작품에 등장하기도 했다. 이런 와중에 일반인들이 이 병에 혐오감을 느끼게 되는 경우가 많아서 대한나관리협회에서는 1999년 3월부터 '나癩' 대신 '한센'이라는 용어를 쓰기로 결정했다. 따라서 한센병이라 쓰는 것이 좋겠다.

한센병의 역사

한센병은 이집트의 파피루스에 등장할 정도로 역사가 오래된 감염병이다. 그 파피루스가 작성된 시기는 기원전 1500년부터 2400년 사이로 추정된다. 인도에도 기원전 600년경에 한센병에 대한 기록이 남아 있으며, 기원전 4세기에 알렉산더가 메소포타미아를 거쳐 인도로 쳐들어갔다가 후퇴한 직후에 유럽 최초의 환자가 생겼다는 내용이 기원전 1세기에 작성된 그리스 기록에 남아 있다. 3세기가 지난 후에 남긴 기록이 얼마나 신빙성이 있는지는 의문이지만 말이다. 중국에서도 기원전 5세기경에 남긴 기록을 찾을 수 있다.

'잠자고 일어나면 손가락이 하나 뚝 떨어져 나간다'와 같은 말도 전해지는데, 이런 이야기들이 한센병에 대한 공포감을 불러일으켰을 것이다. 8세기에 카롤루스 대제는 한센병 환자를 마을에서 쫓아내라는 칙령을 내렸다. 하는 수 없이 환자들을 마을에서 몰아내어 모여 살게 했는데, 결국 치료 방법도 없는 상태에서 죽을 날을 기다리라는 이야기가 된다. 그래도 인도적 차원에서 이 환자들을 돌본 사람들이 있었다.

서양에서는 한센병을 레프로시leprosy라 하고, 중세 말 이후 세워진 한센병 환자 수용소를 레프로사리움leprosarium이라 한다. 이 수용소에는 이들을 보살피는 데 평생을 바친 신부님과 수녀님들이 있었다. 성경책에서 예수님이 한센병을 치료하는 것을 도와준 사람의 이름을 딴 성 라자루스St. Lazarus 수도회는 특히 한센병 환자를 돌보는 일에 관심을 기울인 것으로 유명하다. 레프로사리움에는 사랑을 전하는 수도사들이 있었기에 죽기 전에 잠시 스쳐 지나가는 곳 이상의 역할을 했다.

세계 각지로 퍼져 나간 선교사들은 한센병 환자들을 돌보는 일에 앞장섰다. 현대적 의미의 병원이 등장하지 않았던 시대였기에 환자를 환자답게 돌볼 수 있는 시설은 갖추지 못한 상태였다. 그러나 한센병 환자를 수용한 레프로사리움이 오늘날의 병원이 생기도록 자극했음을 쉽게 유추할 수 있다.

한센병은 특히 십자군전쟁 직후 맹위를 떨쳤다. 십자군에 참여했다 병을 얻은 병사들은 신성한 전쟁에서 싸웠다는 이유로 존경을 받기도 했지만 이들도 한센병이 있으면 마을에서 쫓겨났다. 이때 라자루스 수도회의 도움을 받을 수 있었고, 이것이 유래가 되어 라자루스 수도회는 전쟁에서 발생한 환자도 치료하는 곳이 되었다. 십자군전쟁이 한창이던 12세기에는 한센병 환자 시설 관리에 큰 역할을 했고, 전쟁이 끝난 후에는 유럽 전역에 걸쳐 한센병 환자들을 위한 병원네트워크를 세웠다. 이것이 유럽에서 병원 설립 운동이 일어나는 자극제가 되기도 했다.

한센병은 페스트가 나타나기 전까지 유럽인들에게 가장 공포가 되는 질병이었다. 세월이 더 흘러 제국주의와 대항해시대를 맞이할 때까지도 세력이 약화되었을 뿐, 사라지지는 않았다.

한센병 환자를 격리 수용했던 이유 중에는 전염될 수 있다는 점도 있었다. 그러나 이제는 환자가 많이 줄었고, 효과적인 치료법도 개발되어 치료를 시작하고 3개월 정도만 지나면 전염력이 사라진다. 즉, 다른 사람에게 전파하지 못하므로 크게 문제가 되지 않는다.

한센균을 발견하다

노르웨이는 지리적으로 비교적 구석진 곳에 있어서 한센병이 늦게 전파된 편이다. 대신 유럽에서 한센병이 쇠퇴한 후에도 아이슬란드와 노르웨이 서부에는 한센병이 남아 있었다. 한동안 줄어들었던 한센병 환자가 1830년대와 1840년대에 다시 늘어나면서 한센병 환자를 위한 병원이 여러 개 세워졌으며, 학문적인 연구를 지원하기 위한 재단도 설립되었다.

한센병 환자를 위한 병원에서 일하던 게르하르 한센이 이 병에 관심을 가지게 된 것은 지극히 당연한 일이었다. 당시 한센병은 유전질환 또는 미아즈마나쁜 공기에 의해 전파되는 질병으로 여겨졌다. 그러나 한센은 나름대로 폭넓은 조사를 한 뒤 한센병이 특정 원인에 의한 특정 질병이라는 결론을 내렸고, 연구를 계속했다.

1873년에 한센은 한센병 환자의 병터 중 약간 돌출된 곳에서 시료를 채취해 현미경으로 관찰하던 중 막대 모양의 미생물을 발견했다. 이 생명체는 모든 한센병 환자에게서 발견되었고, 한센은 이 세균에 한센균Mycobacterium leprae이라 이름 붙였다. 하지만 한센병의 원인이 되는 세균이라는 점을 증명하지는 못했으므로 큰 호응을 받지는 못했다.

한센균 발견으로 역사에 이름을 남긴 한센이지만 오늘날이라면 부도덕한 과학자로 취급되어 매장당할 만한 일을 한 적이 있다. 자신이 발견한 균이 한센병의 원인임을 증명하기 위해 적어도 한 명 이상의 사람을 몰래 감염시키려 했기 때문이다. 다행히 아무 문제가 발생하지 않았지만 동의 없이 인체 실험을 한 사실이 발각되어 법정에 서게 되었고, 일하던 병원을 그만두어야 했다. 그러나 노르웨이 정부가 그를 필요로 한 까닭에 한센병 연구를 지속할 수 있었고, 노르웨이의 한센병 환자는 1875년 이후 현저히 줄어들었다.

한센은 임질균을 발견해 명성을 얻고 있던 젊은 과학자 알베르트 나이서에게 자신이 발견한 미생물을 전해 주었다. 나이서는 한센이 발견한 세균이 한센병의 원인임을 증명했다.

한센은 한센병의 원인균을 발견한 것 외에 피부를 접촉할 때 전염된다는 사실을 밝혀냈으며, 전력을 다해 한센병 해결에 노력했다. 그 결과 노르웨이에서 한센병 환자가 눈에 띄게 줄었으므로 이름에 걸맞은 공헌을 했다고 할 수 있다. 현재 베르겐에는 한센을 기념하는 한센병 박물관leprosy museum이 있고, 베르겐 대학교에서 설립한 연구 시설에는 아르마우어 한센 빌딩Armauer Hansen Building이라는 이름이 붙었다.

오늘날의 한센병

의예과 2학년이던 1984년, 한센병 환자를 만나러 소록도에 방문한 적이 있다. 방문 전에 여러 차례 모여서 공부했고, 수용되어 있는 환자들에게 전해 줄 선물도 마련했다. 마침 소록도병원에는 한센병 환자를 위해 반평생을 바치신 신정식 선생님이 원장으로 재임 중이셨다. 당시에 쓴 글을 나누고 싶다.

글이나 소문으로만 듣던 소록도 마을 사람들은 우리와 전혀 다를 바 없는 같은 인간이었다. 아무도 찾는 이 없는 곳에 젊은 대학생들이 방문해 자신들과 이야기를 나누고 있다는 사실에서 기뽐을 느끼는 순수한 사람들이었다.

비록 무뎌진 손가락으로 인해 손을 꽉 쥐어 주지는 못하더라도 자신의 손자를 대하듯이 아무 거리낌 없는 자세로 나의 손을 잡아 줄 때면 누가 이들을 이런 모습으로 만들었는가에 대한 세상을 향한 반항심 외에 다른 특별한 느낌이 들지 않았다.

마을을 돌아다니며 수많은 환자들을 만난 것 외에 이들을 위해 봉사를 하고 있는 여러 관계자들을 만나기도 했고, 한때 소록도 나환자촌에서 살았지만 완쾌되어 마을을 떠난 분이 연말을 맞이해 자신이 살던 마을을 다시 찾아온 것을 목격하기도 했다. 세상이 이렇게 아름다운 일로 가득하다면 얼마나 좋을까!

대학 시절 방문에서 예상했던 것처럼 소록도에 살고 있는 환자들은 점점 줄고 있다. 2006년까지는 우리나라에 매년 수십 명의 환자가 나왔지만 2008년 이후에는 매년 10명이 채 안 되는 환자가 발생한다. 또 이미 변형된 신체를 정상으로 되돌릴 수는 없지만 여러 가지 치료제가 개발되어 있으므로 치료만 적절하게 하면 완치를 기대할 수도 있다. 우리나라에서는 더 이상 한센병이 문제가 되지 않는다. 현재 20여 개 나라에서 한센병이 문제가 된다고 알려져 있지만 점점 환자가 줄고 있으므로 긍정적인 미래를 기대할 수 있다.

프랑스의 시인이자 사업가이면서 자선사업가로도 유명한 라울 폴레로는 아프리카 여행 중 한센병 환자들을 만난 후 그냥 지나칠 수 없다는 생각을 가졌다. 그리하여 1940년대부터 한센병 환자를 위한 활동을 시작했다. 1946년에는 한센병 환자들을 도와주기 위한 단체를 조직했고, 이 단체는 후에 '라울 폴레로 재단'이 되었다. 그는 한센병의 날1월 마지막 주 일요일을 제정했고 미국 대통령과 소련의 당 서기에게 폭탄 하나 제조에 해당하는 비용을 기부하라는 편지를 보내기도 했다. 그의 노력 덕분에 세계에 수많은 재단이 설립되었다. 한센병에 대한 사회의 태도를 바꾸는 계기를 만들었다고 할 수 있다.

한센병이 완전히 사라진 것은 아니다. 환자와 접촉했을 경우에는 즉시 병원에 가서 진단을 받아야 한다. 우선은 아무 일 없다는 걸 확인해야 하고, 전염력이 있는 사람과 접촉했다면 적어도 5년간은 매년 한 번씩 정기적으로 병원에 가서 진단받는 것이 좋다. 혹시 감염되었더라도 병이 진행되기까지 시간이 오래 걸리므로 바로 치료를 시작하면 아무 문제없다. 치료할 때는 일반적으로 여러 가지 약을 동시에 사용하며, 상황에 따라 처방이 달라질 수 있으므로 전문의의 처방을 따르는 것이 좋다. 지금은 조기에 진단하는 일도 가능해졌고, 20세기에 개발된 항균제 중에 한센균에 특효를 지니는 것들이 있으므로 치료가 크게 어렵지는 않다.

산업혁명이 가져온 백색의 페스트, 결핵

결핵은 동물에게만 발생하던 감염병이 사람에게도 전파된 인수 공통감염병이다. 결핵균이 폐와 뼈를 비롯해 인체 곳곳에 침입할 수 있는 것이 특징이다. 결핵은 인류 역사의 주인공으로 살아왔다고 할 수 있을 정도로 오래된 질병이다.

기원전 5000~8000년경에 살았다고 추정되는 사람의 뼈에서 결핵의 흔적을 발견할 수 있고, 기원전 1000년경의 이집트 미라에서도 결핵에 의한 척추의 이상 소견이 발견된다. 인도에서 기원전 1000년 무렵 발행된 책에는 폐결핵으로 추정되는 질병이 기록되어 있다. 보존이 어려운 다른 인체 조직에서 결핵의 흔적을 찾기는 어렵지만 뼈에 남은 흔적은 결핵이 인류와 함께해 왔음을 보여 준다.

중국 수나라의 의학책에서도 폐결핵으로 추정되는 기록을 찾을 수 있다. 히포크라테스를 비롯한 그리스 의사들도 폐결핵에 대해 알고 있었던 것으로 보인다. 아리스토텔레스는 결핵이 공기를 통해 전파된다고 처음 주장한 사람이다. 동서양 모두에서 결핵이 유행했다는 사실을 알 수 있다.

결핵을 유행시킨 산업혁명

결핵균Mycobacterium tuberculosis에 감염되면 발생하는 만성 전염병을 통틀어 결핵이라 부른다. 결핵균은 길이가 약 2~4마이크로미터, 폭이 0.2~0.5마이크로미터인 간균막대기 모양의 세균이다. 세포벽에 지방이 많기 때문에 산성 물질로 염색하면 탈색되지 않는다. 결핵균은 공기를 통해 전파되며, 재채기할 때 환자의 몸에서 빠져나온다. 균을 둘러싸고 있는 수증기가 증발된 후 공기 중에 떠다니다가 숨을 들이쉴 때 호흡기관을 통해 폐 세포에 들어간다.

폐결핵이라면 기침, 가래, 발열, 무력감, 체중 감소 등이 나타날 수 있으나 증상만으로 진단하기는 어렵다. 특히 소아결핵은 증상이 없는 경우도 많아서 더 진단하기 어렵다. 다행히 치료제가 많이 개발되어 있으므로 의사의 처방에 따라 항결핵제를 복용하면 해방될 수 있다. 또 마스크를 쓰고, 실내를 자주 환기하며, 결핵 위험 지역에 자외선을 쏘아 결핵균을 없애고, 적절한 약제를 사용하면 예방할 수 있다.

문명이 시작된 이후 한시도 인류의 곁을 떠나지 않은 결핵은 중세를 거쳐 르네상스 시대에 이르기까지 흔한 질병이었다. 특히 문명이 재탄생하던 르네상스기의 여러 예술 작품에는 작가의 의도와 관계없이 결핵 환자가 등장할 정도다. 결핵 환자가 워낙 많았기 때문이다. 그런데 근대 산업혁명 시기에 이르자 결핵 환자가 더욱더 증가하기 시작했다.

산업혁명은 기계가 사람을 대신해 일하는 변화를 이끌었다. 도시에 일자리가 늘어나자 농민들이 도시로 모여들었고, 도시화가 촉진되었다. 문제는 도시로 몰려드는 사람을 받아들일 준비가 되어 있지 못했다는 점이다. 집은 부족했고, 깨끗하지 못한 환경에서 집단생활을 하니 감염병이 유행하기 좋았다. 열악한 보건위생 환경 때문에 다른 폐질환과 함께 결핵이 번져 가기 시작했다. 산업화가 더욱 진행된 19세기에는 결핵이 500년 전의 페스트와 비견될 만큼 공포의 질병이었으므로 백색 페스트라는 별명이 생기기도 했다.

비위생적이면서 밀집된 주거 형태도 문제였지만 사람들의 건강상태도 문제였다. 종일 쉬지 못하며 일하니 피로가 쌓인 데다 제대로 먹지도 못하다 보니 건강상태가 나쁠 수밖에 없었다. 당연한 결과로 결핵 환자가 급격히 늘어난 것이다.

근대 유럽에서는 특이하게도 국왕, 왕족, 귀족이 결핵에 더 잘 걸렸다. 아마도 집단적인 사교 활동이 원인이라고 생각된다. 철학자이자 과학자인 데카르트, 계몽 사상가인 볼테르와 루소, 시인인 실러와 키츠, 철학자인 스피노자와 칸트, 과학자 프리스틀리, 문학가 포, 음악가 쇼팽 등 수많은 사람이 결핵으로 목숨을 잃었다. 그 후에야 결핵이 전염병이라는 사실이 알려지게 되었다.

결핵을 해결하기 위해서

1865년 결핵이 전염병임을 증명한 사람은 프랑스의 장 앙투안 비예맹이다. 그로부터 11년 후인 1876년, 코흐가 탄저의 원인균을 발견했고 세균 때문에 전염병이 생긴다는 사실을 알아냈다. 코흐는 계속해서 전염병의 원인을 찾는 연구를 진행해 1882년 3월 24일 베를린 병리학회에서 자신의 연구 결과를 발표했다. 당시에는 폐결핵의 원인이 영양실조라고 알려져 있었기 때문에 다른 의학자들의 반대가 있을 수도 있었다. 하지만 그의 발표 내용은 조금도 이의를 제기할 수 없을 정도로 완벽했다. 결핵의 원인균을 분리하는 데 성공했기 때문이다. 이로써 인류가 결핵에서 해결될 수 있는 실마리가 제공되었다.

　한편 학창 시절부터 염색세포, 조직, 균을 색소로 물들이는 일에 관심을 가지고 있던 파울 에를리히는 당시 유명한 병리학자였던 율리우스 콘하임의 실험실에서 일하고 있었다. 콘하임은 마침 실험실을 방문한 코흐에게 에를리히를 소개했다. 에를리히는 생물 조직을 염색하기 위해 화학물질을 어떻게 할 것인지에 대해 집중해 <염색의

이론적 그리고 분석적 기초>라는 논문으로 의학박사가 되었다.

이후 결핵균을 분리했다고 발표하는 자리에 참석했던 에를리히는 결핵 환자의 생체 기관과 가래에서 얻은 검체를 염색했을 때 보았던 이상한 막대기 모양의 세균을 기억해 냈다. 그래서 실험실로 돌아와 반복 실험을 하면서 검체가 아름다운 빛깔로 염색되는 것을 발견했다고 한다. 훗날 코흐는 에를리히의 염색 방법 덕분에 결핵을 진단할 수 있었다고 치하했다. 에를리히의 염색법이 없었다면 결핵균을 확인하기 어려워서 연구를 더 이상 진행하기 힘들었을 것이라는 설명이었다.

코흐의 다음 목표는 결핵 치료제를 개발하는 것이었다. 이를 위해 결핵균의 배양액에서 투베르쿨린을 제조했지만 치료 효과가 없는 것으로 판명되었다.지금은 결핵 감염을 진단하는 목적으로 이용되고 있다. 코흐는 결핵균을 발견한 공로를 인정받아 노벨 생리의학상을 수상했으나 결핵 치료제를 개발하고 싶어 했던 바람을 이루지는 못했다.

1906년에 프랑스의 알베르 칼메트와 카미유 게랭은 결핵 백신 제조에 성공해 BCG Bacille de Calmette-Guerin라는 이름을 붙였다. BCG에서 C는 칼메트 Calmette, G는 게랭 Guerin으로 개발자의 이름에서 딴 것이고, B는 길쭉한 모양의 세균을 가리키는 용어다. 백신이 보급되면서 결핵 환자가 눈에 띄게 줄었고, 1944년에 미국의 셀먼 왁스먼이 최초의 결핵 치료제인 스트렙토마이신을 발견함으로써 치료에도 희망이 생기기 시작했다. 그 후로 수많은 결핵 치료제가 개발되어 이제는 결핵도 치료 가능한 감염병으로 여겨진다. 반세기 전만 해도 2년씩 치료해야 완치를 기대할 수 있었지만 지금은 여러 약제를 함께 사용하는 칵테일 요법으로 6개월이면 치료할 수 있게 되었다.

그러나 결핵은 아직까지 세계적으로 문제가 되는 질병이다. 개발도상국의 경우 치료 약제가 부족하고, 국가적인 결핵 관리 제도가 빈약하며, 질병 발생 초기에 부적절한 방식으로 치료하는 일이 많기 때문이다. 또한 환자들이 치료 과정 중에 임의로 중단하거나, 의사의 지시에 따르지 않고 투약을 중단했다 재투여하는 등 불규칙적으로 약을 사용하기 때문이다.

세계보건기구의 추산에 따르면 현재 전 세계에 약 17억 명의 결핵 환자가 있으며, 매년 800만 명에 이르는 환자가 새로 생기고, 290만 명이 사망한다. 백신으로 예방할 수 있고, 수많은 약이 발견되었는데도 아직 해결될 기미가 보이지 않는다. 결핵은 몇몇 나라에서 건강을 위협하는 가장 큰 원인중 하나다. 세계보건기구는 100만 명의 정상인 중 1년에 한 명 미만으로 결핵이 발생하는 '결핵 근절'을 앞당기기 위해 노력 중이다.

우리나라의 결핵

《삼국유사》,《동의보감》,《향약집성방》 등 우리나라 옛 문헌에서도 결핵에 대한 기록을 찾을 수 있다. 하지만 한의학에서의 결핵은 림프샘이 손으로 만져지는 경우를 가리키므로 고서에서 현재의 결핵과 같은 질병을 찾아내기는 어렵다. 대한결핵협회에서 발간한 《한국결핵사》에 따르면 서양의학이 도입된 후에야 결핵이라는 용어가 사용되었다고 한다.

우리나라는 한때 '결핵 국가'라는 별명을 가지고 있었을 정도로 결핵 환자가 많았다. 한국에서 태어난 최초의 외국인으로 기록된 셔우드 홀은 1893년 캐나다 출신 선교사인 제임스 홀과 로제타 홀의 아들로 태어났다. 셔우드 홀은 캐나다에서 의과대학을 졸업한 후 한국에 돌아와 1925년부터 황해도 해주에 있는 구세병원에 근무했다. 이후 1928년 해주에 결핵 요양원을 설립한 홀은 한국인들에게 결핵의 위험성을 알리고, 전 국민이 결핵 퇴치 운동에 참여할 수 있도록 하기 위해 크리스마스 씰을 발행했다. 1953년부터는 그해 설립된 대한결핵협회에서 크리스마스 씰을 발행하고 있다.

광복이 되고, 한국전쟁을 거치면서도 결핵은 여전히 무서운 질병이었다. 그러나 1962년부터 국가 결핵 관리 제도가 도입되었고, 1965년부터 5년마다 한 번씩 국가에서 결핵 실태 조사를 실시하면서 서서히 결핵 국가라는 오명에서 벗어나는 추세에 있다. 결핵 예방과 조기 발견에 힘쓰고, 치료법 개선과 환자가 치료에 잘 임할 수 있도록 노력한 결과 결핵 유병률전체 인구 중 병이 있는 사람의 비율은 1990년 인구 10만 명당 223명에서 2019년 59명으로 줄었고, 결핵 발생률전체 인구 중 특정 기간에 새로 병이 생긴 사람의 비율은 1990년 인구 10만 명당 168명에서 2019년 51.5명으로 감소했다. 결핵으로 인한 사망자도 계속 감소하고 있으나 아직 연간 2,000명에 가까운 상태이므로 경제협력개발기구OECD, Organization for Economic Cooperation and Development 회원국 중 결핵 발생과 사망에서 가장 높은 수준이다.

결핵에 대한 위험성이 과거보다 크게 낮아진 것은 사실이지만 우리나라의 경우 노년층은 물론 20~30대 환자가 계속 발생하고 있다. 따라서 모두가 결핵에 관심을 가지고 대처해야 한다.

위액 속에서도 살아남는 헬리코박터균

2001년 우리나라 텔레비전 광고에 등장한 2명의 오스트레일리아 학자가 있다. 그들은 6개월의 광고 계약기간이 끝난 후에는 더 이상 화면에 등장하지 않았다. 그러나 2005년 이 학자들이 노벨 생리의학상 수상자로 결정된다. 이들을 광고에 출연시켰던 회사는 과거에 찍은 영상을 다시 사용하자고 섭외했다. 노학자는 자신의 업적이 더 이상 제품 광고에 사용되는 것을 허락하지 않았지만 젊은 학자는 광고 모델 비용을 자신이 설립한 재단에 보내는 조건으로 재방송에 동의했다. '2005년 노벨 생리의학상 수상자'라는 자막과 함께 다시 제품 광고에 등장한 젊은 학자는 헬리코박터균을 발견하고 그 기능을 규명한 배리 마셜이며, 노학자는 위 속에서도 세균이 생존할 수 있을 거라는 아이디어를 제시한 마설의 스승 로빈 워런이다.

사실 마설과 워런은 소화성궤양의 원인을 찾기 위한 오랜 연구에 마침표를 찍었을 뿐이다. 위에서 살고 있는 미생물이 궤양을 일으킨다는 가설을 제시한 선구자들이 있었다. 코흐가 전염병의 원인을 세균으로 지목한 직후부터 위에서 살고 있는 세균에 대한 주장이 제기되었으니 약 한 세기가 지난 후에 증명된 것이다.

소화성궤양의 원인을 찾기 위한 과정

1967년에 시작해 경력 대부분을 오스트레일리아의 로열 퍼스 병원에서 보낸 워런은 1979년 위염으로 고생하던 환자의 위점막에서 그때까지 알려지지 않은 세균을 발견해 보고했다. 그는 자신이 연구 대상으로 삼고 있는 이 균이 위에서 질병을 일으킨다고 확신했다. 하지만 위액이 궤양을 유발한다는 사실이 진리로 받아들여지고 있는 시점이었기에 주저하며 2년의 세월을 흘려보냈다.

1951년에 태어난 마설은 퍼스에 있는 웨스턴 오스트레일리아 대학교 의과대학을 졸업한 후 엘리자베스 2세 의료원에서 내과 전공의 과정을 보냈다. 마설은 1979년에 로열 퍼스 병원으로 온 뒤 1981년에 소화기내과 분과전문의 과정을 밟으면서 위염을 연구하고 있던 워런을 만나게 되었다.

그는 세균이 위궤양의 원인이라는 워런의 가설에 흥미를 가졌다. 첫 발표 후 2년간 워런이 얻은 결과는 모든 위염이 아니라 특정 위염에서만 이 세균이 발견된다는 사실이었다. 마셜은 워런의 가설을 검증하는 일을 분과전문의 과정을 위한 연구과제로 결정했다. 그리고 위내시경검사로 얻은 시료를 이용해 궤양의 원인이 되는 세균을 배양하기 시작했다. 워런은 기초 실험에 필요한 기법을 마셜에게 가르쳐 주었고, 이들은 곧 워런의 연구 결과를 반복 검증할 수 있었다.

1982년, 워런과 마셜은 위염 환자에서 분리해 낸 세균이 캄필로박터Campylobacter와 유사하지만 새로운 종이라는 사실을 발견했다. 이들은 세균에 헬리코박터 파일로리Helicobacter pylori라는 이름을 붙이고, 이 세균이 위에서 염증과 궤양을 일으키는 원인이라는 논문을 발표했다. 그러나 헬리코박터균이 위에서 생존할 수 있다는 가설 때문에 비판에 직면했다. 위액이 강한 산성이기 때문에 위 속에서는 생명체가 살지 못할 것이라는 선입견 때문이었다. 이전 한 세기 동안 위에서 생존 가능한 세균이 발견되곤 했으나 더 이상 나아가지 못했던 이유이기도 하다. 이전 시대의 발견자 중에는 자신의 발견이 실험 과정 중에 생긴 오염 때문이라고 오해한 이도 있었다.

자신을 실험 대상으로 삼다

자신들의 연구 결과에 확신을 가진 두 학자는 더 확실한 증거를 찾기 위해 노력했다. 마셜은 1984년에 새끼 돼지에게 자신이 배양한 균을 감염시키는 실험을 했으나 새끼 돼지의 위에서는 위염이 발생하지 않았다.

동물실험에 실패하자 마셜은 역사 속의 몇몇 선배 학자들이 그랬던 것처럼 배양한 균을 직접 마시는 실험을 진행했다. 헬리코박터 파일로리를 들이켠 결과 위액에서 염산 분비가 줄어들고 위염이 발생했다. 위가 더부룩해지고 메스꺼움, 구토의 증상이 나타났으며, 입에서는 악취가 났다. 그러나 일주일이 지난 후 위의 조직을 떼어 내어 검사했지만 어떤 세균도 검출되지 않았다. 아마도 몸의 면역반응에 의해 자연적으로 세균이 제거되었기 때문으로 판단된다. 마셜은 아내의 권유를 받아 내시경검사 직후 항생제를 투여받았다. 치료가 되면 몸에서 항체가 검출되어야 하지만 특이하게도 그의 몸에는 헬리코박터균에 대한 항체가 없었다. 마셜의 몸에서 세균을 검출할 수 없었던 것은 후천면역반응이 아닌 선천면역반응에 의해 들이마신 헬리코박터균이 제거된 결과로 여겨진다.

선천면역반응과 후천면역반응

선천면역반응은 태어나면서부터 가지고 있는 면역이다. 예를 들면 먼지나 쓸데없는 물질이 핏속으로 들어오는 경우 백혈구가 이를 잡아먹는다.

반면 후천면역반응은 후천적으로 생긴 면역이다. 우리 몸은 일반적으로 병을 앓거나 예방접종을 받아서 미생물을 경험하는 경우 항체를 합성하여 대항한다. 같은 미생물에 두 번째 노출되면 항체 생산 능력이 더 좋아져서 감염에 의한 발병을 예방할 수 있다.

결과적으로 특정 세균이 특정 질병의 원인이라는 점을 주장하기 위해 만족시켜야 하는 코흐의 4원칙 중 3개가 들어맞았다.

참고로 오늘날의 연구 윤리에 따르면 자신의 몸을 이용해 연구하는 것은 비판받을 일이다. 논문으로 제출하기 위해서는 연구 윤리 심의를 받아야 하는데, 자신 또는 이해관계가 있는 사람의 몸을 이용한 연구는 윤리 심의를 통과하기 어렵다.

마셜이 몸을 던진 실험을 하기 전부터 헬리코박터균을 없앨 방법을 연구하던 워런과 마셜은 위염 환자들에게 비스무트와 메트로니다졸 병합요법서로 다른 목적의 약물을 함께 사용하는 치료법을 시도해 치료 효과를 얻을 수 있었다. 마셜도 자신의 몸을 이용한 실험 후 비스무트와 메트로니다졸을 투여해 치료했다. 마셜의 실험 결과는 1985년에 논문으로 발표되었으며, 현재까지 헬리코박터균과 관련해 가장 많이 인용되는 논문 중 하나다. 또한 이 시기에 연구한 치료법은 지금까지 널리 이용되고 있다.

헬리코박터균 발견 이후

마셜은 이후에 여러 기관을 옮겨 다니며 헬리코박터균에 대한 연구를 계속했으며, 워런은 로열 퍼스 병원에서 연구를 계속했다. 이 둘은 자신들의 연구 결과를 토대로 소화성궤양의 원인이 스트레스, 음식물 등이 아니라 자신들이 위점막 세포에서 분리한 세균이라고 주장했다. 지금은 헬리코박터균이 80퍼센트 이상 연관성이 있다고 생각하고 있다.

세균학이 한창 발전하던 19세기 말부터 특정 질병의 원인이 되는 특정 미생물의 발견이 각광받기는 했지만 노벨상에 이른 것은 거의 없다. 그런데 이들이 노벨상을 받은 이유는 무엇일까? 단순히 질병의 원인이 되는 세균을 발견했기 때문은 아니다. 유병률이 높으나 정확한 해결책을 찾지 못했던 질병의 해결 가능성을 보여 주었기 때문이다. 그뿐만 아니라 산성에서는 세균이 살지 못한다는 기존 관념을 깨는 역할을 했으므로 수상자로 선정되었다고 생각된다.

그런데 헬리코박터균은 강산성인 위액 안에서 어떻게 살 수 있을까? 워런은 헬리코박터 파일로리의 표면을 두텁게 둘러싼 점액mucus을 발견했다. 이 점액이 보호해 주는 덕분에 헬리코박터균이 위 속에서 살 수 있다. 마셜은 이 세균이 요소urea를 암모니아와 이산화탄소로 전환시킬 수 있는 우레아제urease 효소를 대량으로 만들어 낸다는 사실을 발견했다. 이 발견을 바탕으로 헬리코박터균을 쉽게 찾아낼 수 있는 진단법14C-urea breath-test이 개발되었다. 이 방법은 빠르게 진단할 수 있다는 장점이 있으나 생체검사를 해야 이용할 수 있다. 지금은 다른 진단법이 개발되어 이용된다.

헬리코박터균은 아마도 인류의 탄생과 함께 위 속에서 기생해 왔을 것으로 생각된다. 선진국에서는 대략 20~30퍼센트에 해당하는 사람들의 위에서 발견되지만 우리나라의 경우 약 70퍼센트의 감염률을 보여 준다. 유병률이 아주 높다. 1990년대 이후 관련된 논문이 연간 1,000편을 웃돌 정도로 의학자들의 관심을 끌고 있다. 더욱이 최근에는 메트로니다졸과 클라리트로마이신에 대한 내성균주특정 약에 영향을 받지 않는 세균 발현이 증가되고 있으므로 내성균주를 해결하기 위한 인간과 세균의 싸움이 예상되는 질병이기도 하다.

오늘날 세계보건기구에서는 헬리코박터균이 직접적으로 암을 유발하는 제1의 발암물질이라고 규정하고 있다. 어떤 경로로 위암을 일으킬 수 있는가에 대해서는 몇 가지 증거가 제시되고 있지만 위암과 관계가 없다는 연구 결과도 있으므로 아직까지 속단하기는 어렵다.

공포의 백색 가루, 탄저

2001년 9월 11일, 뉴욕 맨해튼 한복판의 쌍둥이 빌딩으로 날아든 비행기 2대가 미국의 상징이라 할 수 있던 건물 2개를 완전히 박살 내버렸다. 나란히 서 있는 쌍둥이 빌딩이 불길에 휩싸이는 모습은 영화의 한 장면을 연상시켰으며, 거대한 흙먼지와 함께 부서져 내리기 시작한 두 건물은 약 1시간 후 완전히 무너지고 말았다. 비슷한 시간에 국방부 건물인 펜타곤과 펜실베이니아주 남쪽 산지에도 비행기가 1대씩 추락했다.

이 사고로 90여 개국의 약 3,000명이 세상을 떠났다. 그런데 사고 직후 불특정 다수에게 배달된 봉투를 뜯어 본 사람들이 추가로 목숨을 잃는 일이 생기기 시작했다. 이 봉투는 미국 외에 네덜란드, 스위스, 영국, 오스트레일리아, 이스라엘, 아르헨티나, 폴란드 등 여러 나라로 배달되었다. 미국에서는 탄저에 감염된 것으로 의심되는 환자가 23명호흡기형 11명, 피부형 12명 발생해 5명이 숨졌으며, 사망자는 모두 호흡기 감염 증세를 보인 사람들이었다. '공포의 백색 가루 테러'라 이름 붙은 이 사건은 세계인의 이목을 끌었다. 미국 연방수사국FBI에서는 배달된 양으로 보아 개인이 아닌 집단이 범인일 거라 추정했지만 지금까지도 범인을 잡지 못했다.

원인균을 찾은 코흐, 백신을 개발한 파스퇴르

탄저는 탄저균Bacillus anthracis에 의해 발생하는 급성 감염질환이다. 탄저가 13세기의 한센병, 14~15세기의 페스트, 17~18세기의 발진티푸스, 19세기의 콜레라처럼 대유행한 적은 없다. 하지만 탄저에 대한 지식이 없었던 19세기 이전에는 소, 말, 양, 염소 등의 초식동물을 키우던 사람들에게 심각한 문제가 되었다.

탄저를 감염 경로에 따라 분류하면 피부의 상처를 통해 감염되는 피부형, 음식을 통해 감염되는 소화기형, 공기 중의 탄저균이 호흡기를 통해 들어오는 호흡기형이 있다. 동물의 사체나 오염된 토양과 접촉하는 경우에 피부에 생길 수 있고, 초식동물이 풀을 뜯어 먹을 때 흙속에 있던 세균이 들어와서 발생할 수 있다. 사람의 경우 소를 제대로 요리하지 않고 먹다가 감염될 수도 있다. 동물에게 생기는 탄저는 소화기나 호흡기를 침범해 피해를 입히지만 피부형은 사람에게만 나타난다. 과거에는 탄저가 생긴 양의

털을 모르고 깎다가 감염되는 경우가 흔했으므로 '양털을 골라내는 사람들의 병woolsorter's disease'이라는 별명으로 불리기도 했다.

피부와 소화기에 발생한 탄저는 비교적 예후가 좋다. 하지만 탄저균이 혈액으로 침투해 패혈증으로 발전하면 생명을 위협받을 수 있으므로 탄저가 의심되는 즉시 병원에서 치료받아야 한다. 호흡기 탄저는 감염 초기에 적절한 치료를 받지 않으면 치사율이 높게는 80~95퍼센트에 이를 정도로 치명적이다. 기도를 통해 들어온 탄저균의 포자는 폐 주위의 림프계에 침투하고, 탄저균 독소는 폐 조직에 출혈, 괴사, 부종 등을 일으켜 호흡곤란을 가져온다.

유럽 여러 지방에서 탄저가 유행했던 18세기 중후반, 코흐는 아내가 선물한 현미경으로 미생물을 관찰하는 일에 관심을 가지게 되었다. 다른 연구자들과 마찬가지로 코흐도 탄저에 대한 연구를 진행했다. 그러던 중 탄저에 걸린 동물의 혈액을 주사한 지 하루 만에 죽은 쥐의 혈액에서 앞선 연구자들도 발견한 적 있는 간상체를 다수 발견했다. 간상체는 분명 생물체였으며 길게 실 모양으로 늘어서기도 했고, 작고 둥근 모양의 포자를 형성하기도 했다. 이 세균 자체는 환경 변화에 잘 적응하지 못했지만 일단 포자가 형성되면 주변 환경에 대한 저항력이 강해져 어떤 상황에서든 견딜 수 있었다. 코흐는 이 세균이 동물의 몸 내부에서 증식하면 탄저가 발생한다는 사실을 발견했다.

코흐는 1876년 이 내용을 발표한 뒤 한 종류의 병원균만 순수 배양하는 방법을 정립하기 위해 연구했다. 그리고 그의 뒤를 이은 연구자들이 세균 연구 시 반드시 고려해야 하는 원칙을 정립했다. 이것이 1장에서 소개한 4원칙이다. 이 공로로 그는 1880년에 국립 베를린 보건 연구소장으로 취임했고, 이 연구소는 프랑스의 파스퇴르 연구소와 함께 전 세계의 연구자들이 모여드는 중심지가 되었다.

한편 파스퇴르의 업적은 포도주에서 시작한다. 화학자였던 파스퇴르를 찾아온 농부들은 포도주를 만들다가 상하는 일이 반복되는 이유를 찾아 달라고 했다. 그는 효모가 자라나 발효되면 맛있는 포도주가 만들어지지만 세균에 오염되면 부패해 썩는다는 사실을 알아냈다.

다음에는 닭콜레라가 유행하면서 닭을 키우는 농부들이 도와 달라고 찾아왔다. 파스퇴르는 에드워드 제너의 종두법에서 힌트를 얻어 닭콜레라 백신을 개발했다. 두 번이나 도움을 받은 농부들은 다음으로 탄저를 해결해 달라는 요청을 한다.

파스퇴르는 탄저균을 약독화독성이 약하게 되게 함하는 조건을 찾기 위한 연구를 진행했다. 탄저균 자체는 환경 변화에 민감했으므로 죽이지 않고 약화시킬 수 있는 조건을 찾는 일이 쉽지 않았다. 파스퇴르는 마침내 섭씨 42~44도에서 탄저균이 약독화되어 동물에게 해를 주지 않는다는 것을 발견했고, 14마리의 양에게 예방접종을 실시했다. 결과는 당연히 성공, 파스퇴르가 또 하나의 어려운 문제를 해결한 것이다. 그리고 1881년 5월 5일, 60마리의 양과 10마리의 소를 실험군과 대조군으로 나누어 백신을 접종한 군과 접종하지 않은 군에 탄저균을 주입하는 실험을 진행했다. 약 한 달 뒤인 6월 2일에 결과를 확인했더니 백신을 접종받은 양은 모두 탄저에 걸리지 않았고, 백신의 효과가 입증되었다.

세균에 의해 인류에게 발생하는 전염병 중 최초로 그 원인균을 찾아낸 것도 탄저균이고, 인류에게 발생하는 전염병에 대한 최초의 백신을 찾은 것도 탄저균이다.

생물무기로 쓰인 탄저균

다시 앞의 이야기로 돌아가자. 탄저 가루가 테러용 무기로 사용된 이유는 무엇일까? 탄저균은 포자라고 하는 특수한 형태로 수십 년 이상 생존할 수 있기 때문이다. 살기에 적합하지 못한 환경에서는 포자를 형성해 잠자듯 존재한다. 그러다 기회가 오면 다시 활성화된다. 2001년에 세계를 떠들썩하게 했던 백색 가루에는 포자 상태의 탄저균이 들어 있었다.

실제로 오래전부터 탄저균을 전쟁 무기로 사용하려는 시도가 있었다. 1940년대 영국에서 탄저균 살포 실험을 했던 그루이나드섬 스코틀랜드 북서쪽에 위치한 작은 섬은 70년이 지나도록 사람이 출입할 수 없다. 정지 상태에 있는 탄저균이 언제 다시 활동을 시작할지 모르기 때문이다.

구소련의 스베르들롭스크^{지금의 예카테린부르크}에서 1979년에 무기용 탄저균이 노출되는 사고가 발생해 적어도 105명 이상이 사망한 적도 있다. 구소련 정부는 이에 대해 감염된 가축을 먹고 탄저 환자가 생겼다고 주장해 왔지만, 스베르들롭스크에서 약 10킬로미터 떨어진 스테프노고르스크에 생물무기 생산 시설을 새로 지은 것은 탄저균 노출 사고로 시설을 잘 유지하기 어려웠기 때문이다. 두 지역 모두 현재는 카자흐스탄에 속해 있다. 구소련이 붕괴되면서 이 무기에 대한 통제가 제대로 이루어지지 않았으므로 당시의 기술을 지닌 사람들이 지구촌 어딘가에서 테러 집단을 위해 일하고 있을지도 모를 일이다.

유력한 생물무기로 여기는 이유

실제로 전쟁에 탄저균을 사용한 예는 확인되지 않는다. 그러나 탄저균은 가장 가능성 높은 생물무기로 거론되고 있다. 세계적으로 권위 있는 군사 전문지 제인연감에 따르면 탄저균과 보툴리누스균, 두창은 가장 사용될 가능성이 높은 생물무기라고 한다.

가능성이 높다는 말이 치명적인 효과를 지니고 있다는 뜻은 아니다. 에어로졸 상태로 만들었을 때 적절한 크기인지, 대량생산이 쉬운지, 적은 양으로 치명적인 효과를 줄 수 있는지, 저장이 쉬운지, 독성이 쉽게 파괴되지 않고 환경에 관계없이 안정적인지, 아군에게 백신이나 항독소 등을 보급하면 해를 없앨 수 있는지 등을 감안해 가능성을 결정한다.

우리나라에서는 1990년대 초와 2000년에 각각 경주와 창녕에서 소화기 탄저 환자가 발생한 적이 있다. 이 환자들은 탄저에 걸린 소를 제대로 익히지 않고 먹었다고 한다. 탄저가 흔한 감염병은 아니지만 일부 나라에서는 농가의 풍토병처럼 널리 퍼져 있다. 병의 특성상 의사보다 수의사들이 더 익숙하게 대하는 감염병이기도 한데 이상 증세를 보이는 가축을 발견하는 경우 즉시 수의사에게 데려가는 것이 좋다.

탄저균은 인류 역사상 최초로 원인균을 확인한 세균이고, 탄저는 최초로 백신이 개발된 세균의 전염병이다. 그러나 몇 년 전까지 우리나라에는 사용할 수 있는 백신이 없었다. 탄저는 무기화 가능성이 있으므로 공공 목적 또는 군사 목적으로 예방백신을 개발해야 한다. 다행히 이제는 우리나라에서도 탄저 백신을 개발했다는 소식이 있으므로 염려하지 않아도 좋겠다.

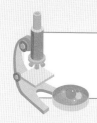

진로 찾기 **의과학자**

1910년 이전까지는 의사가 되기 위해 무엇을 얼마나 공부해야 하는지에 대한 표준이 없었다. 의사면허시험 제도가 있는 나라도 있었지만 절차에 지나지 않아서 오늘날과 같이 국가의 위탁을 받은 기관이 엄격한 통제하에 의사의 자질을 확인하는 제도는 아니었다.

의사의 실력에 대한 일반인들의 불신이 커지자 미국 정부는 교육학자 에이브러햄 플렉스너에게 도움을 요청했다. 플렉스너는 2년간의 기초의학과 2년간의 임상의학을 교육하는 4년의 교육과정을 제안했다. 특히 교육 기간의 반을 기초의학에 할애한 것은 기초의학이 발전해야 의학이 발전할 수 있다고 생각했기 때문이다.

이때 제시된 기초의학 과목은 해부학인체의 구조를 연구하는 학문, 생리학인체의 기능을 연구하는 학문, 생화학인체 내에서 일어나는 생물학적 현상을 화학적으로 연구하는 학문, 약리학인체에서 일어나는 약물의 작용기전을 연구하는 학문, 미생물학인체에 감염병을 일으키는 미생물을 연구하는 학문, 기생충학인체에 감염병을 일으키는 기생충을 연구하는 학문, 병리학질병 발생 기전과 세포 수준의 변화를 연구하는 학문, 예방의학의료정책, 역학, 산업보건 등 질병을 인문사회학적 관점에서 연구하는 학문이었다. 그 후로 한 세기가 지나는 동안 학문은 계속 분화하면서 발전했고, 오늘날 세계의학교육연맹에서는 면역학, 유전학, 분자생물학, 세포생물학, 생물물리학 등을 더해 공부해야 한다는 가이드라인을 제시하고 있다.

의과학자는 기초의학 과목을 연구하는 사람이다. 미생물이 전염병의 원인이므로 전염병에 대해서는 미생물학자만 연구한다고 생각할 수도 있지만 다양한 분야의 의과학자가 함께한다. 예방백신을 만들거나 인체에서 일어나는 방어기전을 연구하는 것은 면역학의 영역이고, 미생물이 침입한 세포에서 어떤 유전자가 어떤 단백질을 만들어서 대항해 싸우는지에 관한 것은 분자생물학의 영역이며, 그래서 인체 내 에너지대사가 어떻게 바뀌는지 밝히는 일은 생화학의 영역이고, 장기의 구조와 기능에 생기는 변화를 연구하는 것은 각각 해부학과 생리학의 영역이다. 즉, 기초의학은 영역이 구분되어 있어도 깊이를 더할수록 서로 밀접하게 연관된다. 따라서 의과학자의 연구 범위는 어느 한 곳에 국한되지 않고 넓은 영역에 걸쳐 있으며, 여러 연구자가 힘을 모아 공동연구를 진행해야 한다.

　주로 의사들이 전염병 환자를 돌보지만 기초의학 분야에 관심이 있다면 누구나 이 일에 참여할 수 있다. 대학에서 생명과학, 생물학, 미생물학 등 자연과학 과목을 공부하면서 사람의 몸에서 일어나는 현상에 관심이 생겼다면 대학원에서 기초의학 공부를 하자. 그리고 사람을 괴롭히는 전염병을 해결하는 일에 뛰어들자.

　경제 수준이 높아지고 건강에 대한 관심이 많아지면서 바이오산업의 규모가 점점 커지고 있다. 이에 따라 산업체에서 일하는 의과학자들이 약이나 백신 개발을 비롯해 전염병 해결에 도움을 줄 수 있는 훌륭한 연구 결과를 많이 얻는 중이다. 또 좋은 아이디어를 이용해 특허를 받고, 이를 토대로 회사를 건립해 의학 발전에 도움이 될 수 있는 좋은 상품을 공급하는 경우도 늘고 있다.

　의과학자는 사람과 질병에 대한 연구를 통해 인류를 전염병질병에서 해방시키는 것을 목표로 한다. 앞으로의 역할이 더 기대되는 직업의 하나다.

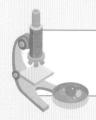

진로 찾기 **제약회사 연구원**

새로운 바이러스가 나타나 인류를 위협하는 경우 치료제와 백신을 어떻게 찾을까? 인류는 지금까지 수많은 약과 백신을 개발하며 관련된 지식을 쌓아 왔다. 따라서 새로 나타난 바이러스가 이미 알고 있는 것과 유사한 특징을 가지고 있다면 치료약과 백신 개발이 쉬울 수 있고, 그렇지 않다면 어려울 수 있다.

2009년 신종플루가 91년 만에 처음 나타났을 때를 보면 알 수 있다. 당시에는 조류독감 치료제로 사용하고 있던 타미플루와 리렌자가 신종플루에 효과가 있음이 알려져 쉽게 치료약을 찾을 수 있었다. 기존의 약물을 새로 나타난 바이러스에 시험했을 때 좋은 효과를 얻음으로써 쉽게 치료제를 찾는 경우다. 이미 사람들에게 사용 중인 안전한 약이니 임상시험을 생략할 수 있으므로 '쉽게 찾았다'는 표현을 쓸 수 있다.

그러나 새로운 물질을 찾아내야 한다면 이야기가 달라진다. 지금까지 사람의 몸속에 넣어 보지 않은 물질을 사용해야 하므로 기대하는 효과가 잘 나타나는지, 뜻하지 않은 부작용은 없는지 확인해야 하기 때문이다. 치료약과 백신 개발에 대한 뉴스에서 임상 1상, 2상, 3상이라고 이야기하는 것은 약과 백신이 실제로 사람에게 적용 가능한지 시험하는 과정을 가리킨다.

새로운 약과 백신이 개발되는 과정은 빨라도 수년이 걸리며 엄청난 비용이 든다. 따라서 제약회사에는 이 과정을 담당하는 수많은 연구원이 있다. 제약회사 연구원은 효과가 있는 성분을 추출하고, 세포 수준에서 그 효과를 확인하게 된다. 그 뒤에 실험동물에게서 어떤 반응이 나타나는지 실험하고, 임상시험 과정을 설계하고 진행하며, 약품과 백신 생산 공정이 안전하고 효율적으로 이루어질 수 있도록 관리한다. 물론 이 모든 과정을 제약회사에서만 하지는 않는다. 임상시험은 병원에서 환자들을 대상으로 실시하며, 약효가 있는 물질 개발이나 동물실험은 관심을 가진 연구자가 다른 사람의 연구 결과를 받아서 활용하기도 한다.

제약회사 연구원으로 일하려면 의학, 약학, 생화학, 생물학, 미생물학 등 생명과학 분야의 공부를 하면 좋다. 제약회사에서 다루는 일이 워낙 폭넓기 때문에 통계학, 패키징학과 같이 관련이 없어 보이는 분야를 공부한 후에도 진로를 선택할 수 있다.

3장

신종 바이러스가
일으킨 전염병

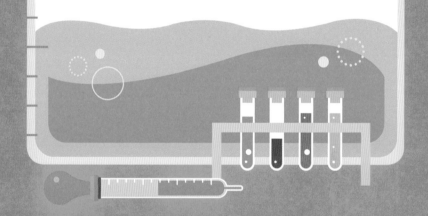

의학이 놀라울 만큼 발전했는데도
새로운 질병의 이름을 자꾸 듣게 되는 이유는 무엇일까?

제1차 세계대전 전사자보다
많은 이의 목숨을 앗아 간 독감

제1차 세계대전이 막바지에 이른 1918년, 무서운 감염질환이 유럽을 강타했다. 너무나도 무서운 전염병이었으므로 각국 정부는 언론을 통제했다. 이 감염병은 언론을 통제하지 않은 스페인에서 많이 보도되며 '스페인독감'이라는 이름을 얻었다. 실제로는 중남부 유럽의 환자가 훨씬 많았다고 한다.

스페인독감은 과거에 유행한 다른 전염병과 비교할 때 사망률이 아주 높았고, 노약자가 아닌 건강한 성인에게도 치명적이었다. 강한 전파력과 치명적인 증상으로 한 마을이 다 사망하는 경우도 발생해 정확한 피해 조사조차 이루어지지 못했다. 사망 인원은 적게는 2,000만 명, 많게는 3억 명이라고 추정하며 보통은 약 5,000만 명이 세상을 떠났다고 이야기한다. 전쟁으로 인한 사망자보다 스페인독감으로 인한 사망자가 더 많았던 것이다.

오늘날에는 이 전염병이 A형독감 중 H1N1이라는 점을 알고 있다. 하지만 당시에는 현미경으로 바이러스를 관찰할 수도 없었고, DNA와 RNA를 분석할 능력도 없었기에 전염병의 정체를 알 수 없었다. 사정이 그러하니 1918년 이전에 독감바이러스가 지구상에 존재했는지에 대해서도 확실히 판단하기 어렵다.

독감의 다양한 종류

1918년에 유행한 감염병의 원인을 찾기 위해 노력하던 중 헤모필루스 인플루엔자Hemophilus influenza라는 세균 때문이라는 연구 결과가 발표된 적 있다. 1931년에는 새로운 종류의 바이러스가 원인이라는 점을 알아낸 후 앞서 원인으로 지명된 세균의 이름을 따서 인플루엔자독감바이러스라 이름 붙였다.

지금은 A, B, C, D 네 가지 바이러스가 알려져 있으며, C형과 D형은 사람에게 별 영향을 주지 않는다. '독감'이라 말하면 흔히 A형을 가리킨다. B형독감바이러스는 두 가지 종류가 있으며 모두 사람에게 감염증을 일으킬 수 있다. A형은 바이러스 표면에 붙어 있는 2개의 단백질Hemagglutinase, Neuraminidase의 종류에 따라 구분한다. 예를 들면 1957년에 유행한 아시아독감H2N2과 1968년에 유행한 홍콩독감H3N2은 A형독감바이러스 때문에 생긴 병이지만 H와 N이 달라서 질병 양상이 다르게 나타났다. 1918년에 유행한 스페인독감은 1970년대에 이르러 정확한 유전형H1N1을 알아냄으로써 정체가 알려졌다.

A형독감바이러스는 지금까지 H가 18가지, N이 11가지 발견되었다. H와 N을 조합하면 모두 198가지18x11의 A형독감바이러스가 존재하는 셈이다.

과거에는 스페인, 홍콩, 난징 등 독감이 발생한 지역을 토대로 이름을 붙이는 경우가 있었지만 잘못된 편견이 생길 수 있으므로 지금은 지역명을 병명에 붙이지 않는다. 조류독감, 돼지독감과 같이 전파의 원인이 되는 동물을 이용해 구별하기도 했지만 이것도 바람직한 이름이 아니다. 한 가지 동물이 한 종류의 A형독감바이러스만 가지는 것이 아니기 때문이다.

2013년에 무시무시한 변종 독감의 출현을 소재로 한 재난영화 <감기>가 개봉되었다. 독감에 대한 내용인데 제목을 감기라 한 것이 아쉬웠다. 독감은 독한 감기가 아니라 감기와는 완전히 구별되는 감염병이기 때문이다. 영화에서처럼 사람에게 치명적인 변종 독감은 언제든 나타날 수 있다. 여기에 더해 198가지 A형독감바이러스 중 아직 발견되지 않은 바이러스가 인류에게 치명적인 성질을 나타내면서 출현할 가능성도 있고, 또 19번째 H나 12번째 N을 가진 새로운 독감이 등장할 가능성도 있으니 인류를 위협할 변종 또는 신종 독감바이러스는 언제든 출현할 수 있다고 봐야 한다.

인류가 경험한 가장 무서운 전염병, 조류독감

2007년 <신동아> 4월호에는 '2008년 인플루엔자 대학살설'이라는 섬뜩한 제목의 기사가 실렸다. 본래 조류독감은 한겨울에 유행했다가 날씨가 따뜻해지면 물러났는데, 그해의 조류독감은 달랐다. 봄이 되면서 찾아왔고 전보다 훨씬 빠른 속도로 대한민국 전역을 조류독감 유행 지역으로 만들어 간 것이다. 2008년에 인류가 대학살될 것이라는 주장이 나올 정도였다. 조류독감의 유전형질은 H5N1으로, 1996년 말 중국 광둥 지방에서 출현해 감염된 사람의 절반 정도를 죽음으로 내몰았던 감염병과 같은 종류였다. 다행히 적극적으로 예방에 힘쓴 결과 적어도 우리나라에서는 무서운 결과가 생기지 않았다.

조류독감바이러스는 사람에게 너무 치명적이다. 따라서 다음 숙주를 찾기 전에 숙주로 삼은 사람과 곧장 함께 죽기 일쑤다. 바이러스 입장에서는 B형간염바이러스처럼 숙주를 오랫동안 살려 놓고 숙주세포에서 자신들의 생활을 즐기는 게 더 좋을 텐데 말이다.

역사적으로 새로운 전염병이 출현할 때마다 짧은 시간에 널리 퍼지곤 했다. 하지만 조류독감은 이렇다 할 유행을 하지 못했기에 실패한 바이러스라는 주장도 있다. 조류독감과 마찬가지로 중국 광둥에서 처음 발생한 사스중증급성호흡기증후군가 약 1년 만에 774명의 목숨을 앗아 간 것과 비교할 때, 치명률이 더 높으면서도 10여

년이 지나도록 불과 200여 명의 목숨을 빼앗았으니 이 주장이 옳게 보이기도 한다. 그러나 공기를 통해 전파되는 호흡기 감염증인 독감은 사라지는 질병이 아니다. 항상 기회를 엿보고 있다.

무슨 전염병이든 가장 좋은 해결책은 효과 좋은 백신을 개발해 예방하는 것이다. 다행히 효과가 좋은 조류독감 치료제가 개발되었다. 상품명 타미플루Tamiflu가 바로 그 주인공이다. 타미플루는 뉴라미니다아제N의 기능을 억제한다. 뉴라미니다아제가 제 기능을 하지 못하면 독감바이러스는 증식하지 못한다.

지금까지 이야기한 조류독감은 A형독감 중 H5N1에 대한 것이다. H5N1은 2008년 유행 후 우리나라에 다시 발생하지 않고 있지만 조류독감이라는 말은 잊을 만하면 한 번씩 등장한다. H5N6, H5N8, H7N9, H9N2, H10N8 등이 모두 조류독감이라는 이름으로 다루어졌다. 조류독감의 종류마다 특성이 다르고, 때로는 유행하는 지역도 다르다. 따라서 독감에 대한 뉴스를 접할 때는 H와 N의 유전형을 구분해야 혼란이 없다.

독감에서 벗어나기

독감은 항상 우리 곁에 있다. 종류가 많고 증세가 서로 다르므로 약한 것이 유행할 때는 모르고 지나갈 뿐이다. 무슨 병이든 치료보다는 예방이 더 쉬우니 예방백신을 접종받기 바란다.

여름이 끝날 즈음이면 독감 예방접종을 받으라는 뉴스를 접할 수 있다. 198가지의 A형독감에 대한 예방접종을 모두 맞을 수는 없으니 연구자들이 다음 해에 유행할 독감바이러스 종류를 예측해 여름이 지날갈 무렵에 예방백신을 공급한다. 물론 2009년의 신종플루처럼 예상치 못한 종류가 유행할 때도 있고, 예방접종을 한다고 완전히 안전한 것은 아니다. 그래도 어린이, 노인, 의료진, 만성질환자, 임산부 등 우선 접종 대상자들은 예방접종을 받는 편이 좋다.

독감이 유행할 때는 외출 후 손 씻기, 마스크 쓰기, 많은 사람이 모이는 곳 피하기 등 일반적인 호흡기 감염 예방 방법을 따르면 된다. 조류독감을 예방하기 위해서는 조류를 먹을 때 완전히 익혀 요리하는 것이 중요하다. 특히 조리 도구에 바이러스가 포함된 체액이나 배설물이 묻어 전파될 수 있으므로 조리 과정에서 유의해야 한다. 열, 두통, 근육통 등이 있으면 빨리 병원에 가서 진찰받고, 진단에 따라 그에 맞는 치료를 받으면 된다.

독감 예방접종을 받기 위해 병원에 가면 3가와 4가 백신 중 결정하라는 이야기를 들을 수 있다. 보통 둘 중 뭘 맞아도 괜찮다. 3가 백신은 두 종류의 A형독감과 B형독감에 대항하는 백신이고, 4가 백신은 두 종류의 A형독감과 두 종류의 B형독감을 대비하는 백신이다.

예방접종을 받지 않았는데 바이러스가 침입하면 인체의 면역 기능이 일차적으로 방어한다. 그러나 증상이 아주 심하면 병원에 가서 치료약을 처방받아 방어 효과를 강화해야 한다. 다행히 최근에는 오셀타미비르타미플루, 자나미비르리렌자, 페라미비르래피밥 등과 같이 바이러스를 죽이는 약이 여러 가지 개발되어 있어서 도움을 받을 수 있다.

1918년에 H1N1 독감이 처음 나타났을 때는 경험도 없고, 지식도 없고, 면역력도 없고, 약과 백신도 없어서 대책 없이 당할 수밖에 없었다. 하지만 2009년에 같은 종류의 독감인 신종플루가 나타났을 때는 경험, 지식, 약을 갖추고 있었고, 백신은 없었지만 면역력은 이전보다 강해져서 잘 이겨 낼 수 있었다. 바이러스 자체가 사람에게 덜 치명적인 유형으로 바뀌었을 가능성도 있다. 앞에서 말했듯 숙주에게 치명적이면 바이러스에게도 불리하기 때문이다.

2009년에 신종플루가 유행할 때 신종플루로 진단받은 사람이 약 75만 명이었지만 치료약인 타미플루를 처방받은 사람은 약 500만 명이었다. 의사가 독감이 의심된다고 판단하는 경우 정확한 진단 전에 적당한 약을 투여해 치료를 시도했다는 뜻이다. 독감 치료는 증세가 호전될 때까지 수일이 걸릴 수 있으므로 진단 결과를 기다리기보다 먼저 치료해 보고, 안 되면 진단하는 방법으로 작전을 세운 것이다. 결과적으로 이 작전은 훌륭했고, 우리나라는 신종플루 환자가 많이 발생했지만 별 문제없이 위기를 넘길 수 있었다.

영화와 소설의 주제가 된 출혈열

출혈열은 피가 흐르고 열이 나는 증상을 가리키는 말이다. 출혈열을 일으키는 바이러스에는 여러 종류가 있다. 그중 하나인 한탄바이러스는 우리나라의 이호왕 교수가 세계 최초로 발견했다.

이외에도 출혈과 열을 일으키는 수많은 바이러스가 있다. 그중에서 에볼라바이러스와 마르부르크바이러스는 모두 20세기 후반에야 처음 발견되어 신종 바이러스 질병으로 분류한다.

한국이 낳은 세계적인 업적

1976년에 고려대학교 이호왕 교수가 유행성 출혈열의 원인인 한탄바이러스를 발견했다. 한탄바이러스는 신장염을 동반한 급성출혈성질환을 일으킨다. 유행성 출혈열은 신증후 출혈열이라고도 하고, 한국형 출혈열이라고도 부른다.

유행성 출혈열과 유사한 질병은 오래전부터 있었다. 1930년대 말부터 여러 나라에서 이 질병의 병원체를 분리하려고 노력했으나 큰 성과를 거두지 못했다. 1940년대 초에는 환자의 혈액과 여과한 소변을 건강한 사람에게 접종하면 질병이 생긴다는 점을 발견했다. 1959년 가이듀섹은 아시아와 유럽에서 발생하는 질병의 임상증상과 역학적 양상이 유사하므로 비슷한 병원체가 원인이라고 추측했으나 원인이 되는 병원체를 찾지 못했다. 그러던 중 이호왕 교수가 한국형 출혈열의 병원체를 등줄쥐의 폐장에서 분리했다.

1978년에는 환자의 혈액에서도 같은 바이러스를 분리하고, 진단법을 정립했으며, 1980년 병원체를 발견한 지역에 있는 강의 이름을 따서 한탄바이러스라 명명했다. 이호왕 교수는 그 후 자신이 개발한 진단법을 이용해 소련의 출혈성 신우신장염, 중국의 유행성 출혈열, 일본의 유행성 출혈열, 유럽의 유행성 신염 등의 원인이 모두 한탄바이러스라는 사실을 증명했다. 세계보건기구는 이들 질병의 이름을 신증후 출혈열로 통일하기로 했으며 1987년부터 한탄바이러스와 유사한 항원을 가진 바이러스들은 한타바이러스속으로 분류되었다.

이호왕 교수의 발견은 전 세계에서 유사한 질병의 병원체를 찾는 기폭제가 되었다. 이 연구 결과를 응용한 덕에 수많은 바이러스성 출혈열을 진단하고 치료 방법을 개발할 수 있었다. 이호왕 교수는 수차례 노벨 생리의학상 후보로 추천되기도 했다.

현재는 에볼라 출혈열, 마르부르크열, 리프트밸리열 등 출혈과 열이 나는 수많은 바이러스 감염질환이 알려져 있다.

수시로 유행하는 위험한 전염병, 에볼라 출혈열

이호왕 교수가 유행성 출혈열의 원인을 발견하고 가이듀섹이 노벨 생리의학상을 수상한 1976년, 자이르오늘날의 콩고민주공화국 동북부 지방과 수단 남부 지방에서 갑자기 전염병 환자가 발생하기 시작했다. 이 전염병으로 자이르에서는 환자 318명 중 280명, 수단에서는 285명 중 151명이 죽음을 맞이했다. 각각 88퍼센트와 53퍼센트의 무서운 사망률을 기록했다.

이들로부터 분리해 낸 바이러스를 당시 이 바이러스가 유행했던 지방의 강 이름을 따 에볼라바이러스라 한다. 또한 이에 감염되어 발생하는 질병을 에볼라 출혈열이라 부른다.

이 병은 1977년과 1978년 사이에 다시 유행하여 주민들을 공포에 떨게 했고, 1995년 6월에는 다른 지역에서도 발생해 200명 이상이 사망했다. 피부의 작은 상처를 통해 감염되며, 갑자기 나타나 순식간에 사라지므로 아직까지 연구가 많이 진행되지 않은 상태다. 잠복기는 약 2주이며, 감염 초기에는 두통이나 발열 등 감기와 비슷한 증세가 나타나지만 차차 가슴에 통증이 생기고,

구토나 설사를 하게 된다. 일주일 정도 지나면 몸에서 출혈이 발생해 심하면 사망에 이른다. 에볼라 출혈열은 수시로 한 번씩 유행하면서 이 지역 주민들을 공포에 떨게 하고 있다. 아프리카 바깥 지역으로 전파되지 않은 것이 다행이라 해야겠다.

<아웃브레이크outbreak>라는 제목의 영화가 세 편 있다. 죽은 사람이 되살아나는 2013년의 영화를 빼면 두 영화 모두 에볼라바이러스가 소재다. 영화는 만사가 해결된 후 즐겁게 끝나지만 실제 에볼라바이러스는 아프리카의 일부 지역에서 머물고 있다가 다른 지역에는 어쩌다 한 번씩 갑자기 유행하고 사라지므로 아직 충분한 연구가 되어 있지 않다.

2019년 7월 18일에 세계보건기구는 에볼라바이러스병 유행으로 인해 국제공중보건위기상황을 선포했다. 콩고민주공화국에서 2018년 5월 11일부터 2019년 7월 14일까지 2,407명의 환자가 발생해 1,668명이 사망했기 때문이다.

에볼라바이러스가 처음 발견된 후 43년이 지나는 동안에도 수시로 환자가 발생했다. 그렇지만 1년 이상 지속

국제공중보건위기상황

어떤 질병이 다른 국가로 전파될 위험이 있고, 국제적으로 대응이 필요한 상황을 말한다. 다음 사항 중 2개 이상 해당될 경우 선언된다.

1. 공중보건에 미치는 영향이 심각한 경우
2. 이례적이거나 예상하지 못한 사건일 경우
3. 국가 간 전파 위험이 큰 경우
4. 국제무역이나 여행을 제한할 정도로 위험한 경우

된 경우는 극히 이례적인 일이었으므로 세계보건기구가 위기상황을 선포한 것이다. 우리나라에서는 한 명도 발생한 적이 없지만 당시 우리나라 질병관리청에서는 '에볼라바이러스병 대책반' 운영을 강화한다고 발표하기도 했다. 이에 따라 에볼라바이러스병을 검역감염병으로 지정하고 출국자를 대상으로 예방 수칙을 안내하는 등 조치가 취해졌으나 다행히 큰 문제가 생기지 않았다.

여기에서 의문이 생긴다. 그동안 발견되지 않았던 바이러스가 어떤 경로로 갑자기 나타나는 것일까? 이에 대해 속 시원히 대답할 수 있는 사람은 없다. 추측만 할 뿐이다. 첫 번째 의견은 지구의 생태계를 포함한 여러 환경이 변화함에 따라 사람에게 치명적인 변종 바이러스가 출현했다는 것이다. 두 번째 의견은 유전자 조작 같은 실험을 하다 보니 예상치 못한 결과로 돌연변이가 발생했다는 것이다. 어느 쪽도 확실한 설명은 되지 못하고 있다.

아직 백신이 개발되지 않았으므로 피하는 것이 최선이다. 감염된 동물박쥐, 원숭이 등, 환자, 사망자와 접촉하지 말아야 한다. 아주 효과적인 치료법도 없어서 대증요법병의 원인을 해결하지 않고 증상에 대응해 처치하는 치료법과 렘데시비르라는 약으로 치료하고 있다. 손 씻기, 개인보호구 착용, 눈, 코, 입 등의 점막 부위 보호가 중요하다.

에볼라 출혈열의 형제 마르부르크열

에볼라바이러스가 발견되기 9년 전인 1967년, 독일의 마르부르크와 프랑크푸르트, 유고슬라비아지금의 세르비아의 베오그라드 등에서 연구하던 과학자들에게 원인 모를 급성 열성질환이 발생했다. 전체 환자 31명 중 25명이 일차감염, 6명이 이차감염에 의한 것으로 판명되었고 7명이 사망했다. 역학조사 결과 감염자는 아프리카 녹색 원숭이의 조직에서 세포를 추출해 배양하던 연구자들이었으며, 이 병에는 녹색 원숭이 질병Green Monkey Disease이라는 별명이 붙었다. 원인이 되는 병원체는 그때까지 알려지지 않은 새로운 바이러스로 판명되어 최초 환자가 발생한 도시 이름을 따서 마르부르크바이러스가 되었다.

마르부르크열은 2004년에서 2005년까지 앙골라에서 대유행하면서 3,000명이 넘는 환자를 발생시켰다. 에볼라 출혈열보다 훨씬 많은 환자를 만들어 냈지만 사망률은 10퍼센트가 채 안 된다. 에볼라 출혈열과 마찬가지로 전파 경로를 정확히 모르다 보니 대응책이라고는 환자와의 접촉을 줄이고, 환자의 분비물을 조심해서 처리하는 것뿐이다.

세계보건기구에서는 아프리카의 광산근로자들이 마르부르크바이러스에 노출되어 있다고 지적했다. 이미 광산에서 감염된 사람이 발견되었으며, 이 광산 주변에 살고 있는 약 500만 마리의 박쥐가 바이러스를 전파한다. 실제로 미국과 아프리카 과학자들은 박쥐의 한 종류에서 마르부르크바이러스를 분리하는 데 성공했다. 세계보건기구에서는 마르부르크바이러스와 에볼라바이러스에 대해 다음과 같이 경고한다. "사람에게 가장 강력한 바이러스의 하나로 유행 시 80~90퍼센트의 사망률을 보일 수 있다."

리프트밸리열, 모기를 조심하라

리프트밸리는 선모양으로 길게 파인 지형을 가리킨다. 세계에 많은 리프트밸리가 있지만 동아프리카 지구대가 가장 크다. 서아시아의 요르단협곡에서 모잠비크의 델라고아만에 이른다. 이 지역의 남쪽에 리프트밸리열의 고향인 케냐가 자리 잡고 있다.

리프트밸리열이 처음 알려진 때는 1915년이다. 새로운 질병이 케냐의 가축들에서 유행하기 시작했는데, 병원체가 밝혀지기까지 16년이라는 세월이 흘렀다. 사람들에게 전염된 사실이 최초로 확인된 때는 1934년이다. 리프트밸리열은 꾸준히 세력을 넓혀 현재는 아프리카의 동쪽, 남쪽, 인도양에 위치한 마다가스카르섬과 함께 사우디아라비아, 예멘까지 진출했다.

리프트밸리열은 원래 가축에게 전파되는 질병이었으나 지금은 인수공통감염병이 되었다. 초기에는 열이 나는 증상에 중점을 두었으나 세월이 흐르면서 각종 뇌신경 질환으로 발전한다는 사실이 알려졌다. 말라리아, 바이러스성 뇌염처럼 모기가 전파하므로 모기가 왕성하게 활동하는 시기에 잘 발생한다. 대개 합병증이 없으나 드물게 뇌염, 출혈 또는 영구적인 시력 손상이 있을 수 있다. 특별한 치료법은 아직 없다. 독소를 약화시킨 바이러스를 백신으로 이용하고 있지만 효과가 좋지는 않다.

질병의 원인이 되는 바이러스는 부니아바이러스과의 플레보바이러스속으로 구분한다. RNA 바이러스에 속하며, 크기는 90~100나노미터, 공 모양이다. 이 바이러스에 감염되면 아무 증상이 없이 넘어가는 경우도 있고 반대로 열, 두통, 근육통, 관절통, 간 기능 이상 등이 나타날 수도 있다. 출혈과 열이 동반되기도 하며, 잠복기간은 1~6일 정도다. 심한 경우에는 목이 뻣뻣해지고, 빛에 민감해지며, 식욕상실, 구토 증세가 나타날 수 있으므로 때로는 수막염으로 착각하기도 한다. 보통 4~7일간 증상이 지속된 뒤 면역기능에 의해 서서히 회복된다.

수막뇌염 외에 다른 합병증이 없는 경우 사망률은 낮으나 신경학적으로 심한 후유증을 남기기도 한다. 출혈열은 보통 증상 발현 후 2~4일째에 발생하며, 구토와 대변에 피가 있거나 모세혈관이 터져서 생기는 점상 출혈이 발생하기도 한다. 코, 잇몸에도 핏자국이 남으며, 몸에 상처가 생기는 경우 정상인보다 피가 나는 시간이 길어진다. 출혈과 열이 동반되면 죽음에 이를 확률이 절반에 가까우며, 대체로 증상 발생 후 일주일 이내에 사망한다.

황열바이러스, 뎅기열바이러스 등을 전파하는 모기가 리프트밸리열도 퍼뜨린다. 다행히 이 모기는 우리나라에 분포하지 않는다. 피를 빨아 먹는 곤충과 접촉하지 않는 것이 최선의 예방법이다. 표준화된 치료법이 없어 대증요법을 시도할 수밖에 없다.

더 이상 공포의 대상이 아닌 에이즈

1981년, 미국에서 새로운 병을 가진 환자 5명이 보고되었다. 이들은 습관성약을 투여하는 남성 동성애자로서, 주폐포자충 폐렴과 카포시육종이라는 피부암이 있었다. 주폐포자충 폐렴과 카포시육종은 면역이 약화된 사람에게 생기는 병이다. 환자들은 모두 후천면역 기능이 떨어져 있었다. 이 질병은 1982년 미국의 질병통제예방센터CDC, center of disease control에 의해 에이즈AIDS, Acquired ImmunoDeficiency Syndrome, 후천면역결핍증라 명명되었다.

면역은 몸 바깥에서 해로운 물질이나 미생물이 침입했을 때 맞서 싸우는 능력이다. 태어나면서부터 가지고 있는 선천면역과 태어난 후에 얻은 후천면역으로 구분할 수 있다. 대표적인 후천면역으로 미생물이 침입했을 때 항체를 만들어 대항하는 기능이 있다. 즉, 후천면역 기능이 제 역할을 하지 못한다면 건강한 사람에게는 아무 문제가 되지 않을 전염병에 걸려도 목숨을 잃을 수 있다.

공포의 원인은 바이러스

환자들이 모두 남성 동성애자거나 마약 상용자였으므로 에이즈를 '인간의 타락에 대한 벌'이라고 설명하는 사람도 있었다. 그러나 질병의 원인이 알려진 덕에 오해로 밝혀졌다. 이 공포의 질환은 왜 생기는 것일까?

1983년에 프랑스의 뤼크 몽타니에와 프랑수아즈 바레시누시가 이 병의 원인으로 의심되는 바이러스를 찾아냈다. 미국에서도 로버트 갤로가 이 바이러스를 발견했다고 주장했다. 에이즈의 원인이 되는 이 바이러스에는 인체면역결핍바이러스HIV, Human Immunodeficiency Virus라는 이름이 붙었다.

지금까지의 연구에 따르면 아프리카에 사는 원숭이들의 감염병을 일으키는 바이러스가 우연히 사람에게 들어와 병을 일으킨 것이라고 한다. 사실 사람의 감염병 중에는 동물로부터 전파된 것이 아주 많은데 결핵, 두창, 탄저, 광견병 등이 이에 해당한다.

처음 환자들이 나오기 시작했을 때 습관성약 사용자가 많았던 것은 약을 주입할 때 사용하는 주사기를 공유했기 때문이다. HIV는 감염된 사람의 혈액 속에서 증식하므로 피를 통해 전파되기 쉽다. HIV에 감염된 사람이 출산하면 아기에게 옮길 수 있고, 성관계를 통해서도 전파될 수 있다.

HIV 환자는 면역기능이 떨어져 있다. 즉, 에이즈라는 병 때문에 목숨을 잃는 것이 아니라 후천면역이 결핍되어 있기 때문에 다른 병을 막을 힘이 부족해 목숨을 잃게 된다. 에이즈라는 진단을 받으면 후천면역 기능이 결핍되어 있는 상태이므로 치료는 불가능하고, 알아서 회복되기를 기다리는 수밖에 없다.

HIV 감염과 에이즈는 다르다

에이즈에 대해서는 잘못 알려진 사실이 아주 많다. 특히 HIV 감염과 에이즈라는 이름을 구별하지 않고 써서 문제다. 이 병이 처음 발견되었을 때는 환자들의 상태가 아주 안 좋았다. 건강할 때 전혀 문제가 되지 않을 작은 질병에도 참혹하게 목숨을 잃어야 했다. 원인도 모르고, 치료법도 없는 상태에서 목숨이 왔다 갔다 하는 병에 붙인 이름이 후천면역결핍증이었다.

무슨 병이든 조기 진단과 조기 치료가 중요하다. 에이즈라는 병이 처음 발견되었을 때는 증상 외에 알려진 게 없었지만, 지금은 바이러스가 원인임을 안다. 그리고 증상이 나타나지 않더라도 몸 안에 HIV가 들어 있는지 확인할 수 있다.

아무 증상도 느끼지 못하는 사람이 우연히 피검사를 했다가 HIV의 흔적을 발견하는 경우가 있다. 이런 경우는 후천면역이 정상이므로 에이즈 환자가 아니라 'HIV 감염자'라 해야 옳다. 바이러스가 몸에 침입한 이후 후천면역이 결핍되기까지는 시간이 걸리기 때문이다. 에이즈란 HIV가 몸에 들어와서 아주 많은 숫자로 늘어난 다음 핏속에서 면역을 담당하는 세포를 공격해 파괴시켜서 발생하는 병이다.

다시 한번 강조하면 HIV가 몸에 들어왔다고 에이즈는 아니다. 2019년까지 우리나라에는 1만 8,000명이 넘는 에이즈 환자가 발생했다고 한다. 이들이 모두 면역결핍 상태라면 대부분 세상을 떠났어야 하지만 실제 세상을 떠난 분은 4분의 1이 채 되지 않는다. 매직 존슨이라 불린 미국의 유명 농구선수도 자신이 에이즈 환자임을 고백하면서 은퇴했지만 30년이 지난 지금도 잘 살아 있다.

음식을 먹을 때 식중독을 일으킬 수 있는 세균이 몇 마리 들어오기도 한다. 하지만 이 세균이 증식하지 못하면 몸에 아무 해를 일으키지 않으므로 식중독에 걸렸다고 말하지 않는다. 마찬가지로 HIV도 몸 안에서 수가 늘어나지 않아 아무 증상도 못 느끼는 상태라면 병이라 할 수 없다. 치료하면 면역이 결핍되기 전에 바이러스를 물리칠 수 있기 때문이다.

만약 피검사를 했는데 '에이즈가 의심되는' HIV 감염이라 판정받았다면 병원이나 보건소에 가서 확인 검사를 하자. 진짜로 감염이 되었으면 그때부터 치료하면 된다. 증상이 없는 상태에서 치료를 시작하면 완치바이러스가 몸에서 검출되지 않는 상태될 수 있고, 완치되지 않더라도 병의 진행을 막아서 면역이 결핍되지 않는 상태를 유지할 가능성이 아주 크다. HIV 감염 후 면역결핍 상태에 이르려면 적어도 수년, 보통은 10년 이상 걸린다고 알려져 있으니 무서워하지 말고 치료를 받아야 한다.

에이즈는 불치또는 난치의 병이지만 HIV 감염자는 제대로 치료받기만 하면 얼마든지 제 수명을 살 수 있다. 감기를 일으키는 바이러스가 몸에 들어와도 별 문제가 아닌 것과 같다. 이것이 바로 HIV 감염과 에이즈를 구별해야 하는 이유다.

HIV 감염 치료하기

공식적으로 우리나라에 첫 에이즈 환자가 발생한 것은 1981년의 일이지만 그 전에 에이즈가 들어온 것으로 보인다. 1960~1970년대에 채혈한 여러 나라의 혈청에서 항체가 검출되었는데, 모두 아프리카에서 온 것이었다. 가장 오래된 것은 1959년 자이르의 킨샤사에서 채혈한 것이며, 아프리카에서 이미 에이즈가 유행했던 것으로 생각된다. 아프리카에서 아이티를 거쳐 미국으로 전파되었고, 아프리카에서 유럽으로 직접 전파되었다고 짐작한다.

세계보건기구에서는 1992년 말 기준 174개국 61만 1,637명이 HIV에 감염된 것으로 집계했으나 실제로는 1,000만 명이 훨씬 넘을 것으로 추정된다. 우리나라에서는 현재까지 환자 수가

1,000명을 넘어섰고, 세계적으로도 계속 늘어나고 있어 문제다. 다행스러운 사실은 에이즈를 치료할 수 있는 약이 속속 개발되고 있다는 점이다. 열심히 치료하면 나을 수 있다는 희망이 생겨나고 있다.

미생물에 의한 감염병 중 사람들의 생명을 가장 많이 빼앗아 간 것으로 생각되는 두창이 지구에서 사라진 것은 제너가 개발한 종두법, 즉 예방접종법 때문이었다. 예방백신을 이용해 감염병을 예방하는 것은 감염병 해결에 가장 효과적인 방법이라 할 수 있다.

그 후로 의학자들은 무슨 감염병이든 예방백신을 개발하기 위해 노력해 왔다. 덕분에 오늘날에는 아기가 태어나면 신생아 예방접종표에 따라 백신을 맞혀 수많은 감염병에서 보호한다. 그러나 HIV 예방백신은 개발되지 않은 상태다.

오래전에 병원체가 확인되었는데도 아직까지 예방백신이 개발되지 않은 이유는 무엇일까? 백신은 바이러스에 약하게 감염된 경험을 하게 함으로써 다음에 감염되었을 때 잘 대응하도록 하는 방법이다. 그러나 HIV는 변이가 잘 일어나는 바이러스라서 백신을 만들기 어렵다. 변이가 잘 일어나지 않는 안정된 부위를 표적으로 하는 백신을 만들고자 노력했으나 결과적으로는 잘되지 않았다. 다행히 최근에 새로운 백신에 대한 논문들이 발표되고 있으므로 조만간 예방이 가능해질 거라고 기대한다.

HIV가 사람의 몸에 침입하면 처음에는 감기와 비슷한 증상이 나타난다. 열, 두통, 근육통, 인후통 등과 함께 림프샘이 커지고 소화기가 불편해질 수 있다. 이 시기를 지나면 아무 증상 없이 조용하게 바이러스가 증식하며, 충분한 수로 늘어난 이후 사람의 면역을 담당하는 세포를 공격해 면역기능을 파괴하면 후천면역기능이 저하된다.

HIV에 감염된 경우 바이러스 퇴치를 위해 지도부딘이라는 약을 쓸 수 있다. 이 약은 암세포의 DNA 복제를 막기 위해 만들어졌지만 약효가 기대에 미치지 못해 사용되지 못했다. 그러나 이 약이 RNA 바이러스가 숙주세포 내에서 DNA를 합성하는 과정을 막을 수 있다는 사실이 알려졌고, HIV의 증식을 막을 수 있는 약이 되었다. 지금은 HIV 증식을 막을 수 있는 여러 가지 약이 개발되어 있으므로 서로 다른 작용기전을 가진 3개 이상의 약제를 동시에 사용하는 칵테일 요법으로 HIV 감염에서 에이즈로 진행하는 과정을 막고 있다.

즉, 예방백신은 없지만 충분히 치료할 수 있다. 이미 치료제가 개발되어 있으므로 HIV 감염자를 치료하면 에이즈에 이르지 않는다. 미래가 아니라 지금 이미 가능한 일이다.

변종 코로나바이러스가 낳은
사스, 메르스, 코로나19

"우리의 자손들은 세계사를 코로나19 이전과 코로나19 이후로 구분할 것이다."

2019년 말 중국 우한에서 발생해 세계로 퍼져 나간 바이러스성 폐렴은 그동안 겪어 보지 못한 새로운 경험을 하게 했다. 비행기는 사람 대신 물건을 옮기는 기구로 바뀌었고, 여행 산업 자체가 사라질 위기에 처했다. 이런 상황이 벌어진 것은 새로운 코로나바이러스가 발견되었기 때문이다. 페스트가 유행하는 바람에 학교에 가지 못한 아이작 뉴턴이 사과나무를 보며 만유인력의 법칙을 발견했다는데, 전 세계적으로 대부분의 학교가 문을 닫은 현시대의 학생들도 뉴턴 못지않은 훌륭한 업적을 집에서 구상하고 있을지 모를 일이다.

코로나바이러스는 1930년대에 처음 발견되었다. 개기일식이 일어날 때 태양이 외부로 빛을 쏘는 모양을 하고 있는 것을 '코로나'라 부르고, 바이러스 모양이 태양에서 코로나 현상이 일어나는 것과 유사해서 코로나라는 이름이 붙었다. 이 바이러스가 사람에게서 처음 발견된 것은 1967년의 일인데 그때는 감기 증상만 나타났다. 그러나 3번째로 발견된 사스와 6번째로 발견된 메르스가 생명을 빼앗을 정도로 위험해 인류를 괴롭히더니 7번째인 코로나19도 엄청난 전파력으로 전 세계 인류를 위협하면서 인간 사회를 바꾸어 놓고 있다.

중증급성호흡기증후군, 사스

2002년 11월 16일, 중국에서 이전에 볼 수 없었던 무서운 질병이 퍼져 나가기 시작했다. 이 질병은 조류독감과 마찬가지로 호흡기 질환이었으나 사람에게 훨씬 더 치명적이었다. 열이 나고, 기침이 심해지며, 숨 쉬기도 어려워지고 결국에는 폐에 이상을 일으켜 사망할 수도 있는 질병이었다. 질병의 정체를 파악하지 못한 상태에서 사스, 중증급성호흡기증후군SARS, Severe Acute Respiratory Syndrome이라는 이름이 붙었다.

조류독감이 막 등장했던 1996년 말, 조류독감을 조사하러 중국에 간 세계보건기구 조사단은 조류독감이 아니라 전염성 기관지염에 의해 떼죽음을 당한 닭들이 있음을 알아냈다. 그 병원체는 코로나바이러스였다. 코로나바이러스가 약 4년의 세월이 흐르는 동안 사람에게 사스를 일으킬 수 있는 괴물로 변했다는 가설을 세울 수 있다.

사스가 유행할 때 새로운 전염병의 유행을 눈치 챈 세계보건기구에서 이 질병에 대한 보고서를 낼 것을 요구했다. 하지만 공산당 전당대회를 앞두고 있던 중국에서는 받아들이지 않았고, 수개월이 지난 후에야 806명의 환자가 발생해 34명이 사망했다는 사실이 알려졌다.

2003년 2월에는 중국을 방문했던 미국 사업가가 폐렴 증상을 보이면서 사망한 사건이 일어났다. 하노이에 있는 병원에서 이 환자를 치료한 의료진에게도 사스가 전파되었다. 당시 베트남에서 일하고 있던 이탈리아 의사 카를로 우르바니는 이 질병이 새로 출현한 전염병임을 발견하고, 세계보건기구와 베트남 정부에 위험성을 알려 국제적으로 사스에 대응할 수 있도록 도왔으나 사스에 걸려 세상을 떠나고 말았다.

세계보건기구는 2003년 3월 12일 위험 상황을 선포하고 사태 해결에 나섰다. 중국은 물론 홍콩, 몽골, 베트남, 싱가포르, 태국, 미국 샌프란시스코, 캐나다 밴쿠버와 토론토 등 감염자가 지나간 곳에는 사스 환자가 줄을 이어 발생했다. 당시 우리나라에서는 2003년 4월 25일부터 5월 10일 사이에 3명의 환자가 나왔다고 기록되어 있다. 2003년 1년간 세계보건기구는 매달 보고서를 발표함과 동시에 사스에 대한 연구 결과를 수시로 보고하는 등 부산을 떨었다. 다행히 2004년 5월 이후로는 사스에 대한 소식이 거의 들려오지 않고 있다.

사스는 전파 속도가 빨라서 무서운 병이다. 감염된 환자의 콧물, 가래, 침 같은 분비물이 어딘가에 묻으면 이를 통해 다음 사람에게 전파된다. 전파 속도가 빠른 만큼 증세도 빨리 나타난다. 특이하게도 잠복기가 짧게는 2일, 길게는 29일에 이른다. 잠복기가 긴 경우에는 뜻하지 않게 수많은 사람에게 피해를 입힐 수도 있으니 조심해야 한다.

사스 발생 초기에 감염자의 콩팥과 폐 조직에서 지금까지 사람에게서 발견되지 않은 변종 코로나바이러스가 분리되었다. 광둥 지방 야생동물에게 퍼져 있던 코로나바이러스에 돌연변이가 발생해 사람에게 치명적인 바이러스가 된 것으로 보인다. 이 바이러스는 공기를 통해 전파되며, 생존 기간이 3시간 정도로 추정되나 하루 이상 생존한다는 보고도 있다. 따라서 감염자가 머문 곳에 들어갈 때는 마스크를 쓸 것을 권하며, 감염자가 건드린 물건은 건드리지 말고, 혹시 건드리게 되면 비누로 씻어야 한다.

환자와 접촉했거나 질병 발생 지역을 다녀온 사람에게 섭씨 38도 이상의 고열이 계속되는 경우, 흉부 X선 사진에서 비전형적인 폐렴이나 호흡장애증후군 증상이 나타나는 경우 사스를 의심할 수 있다. 중합효소연쇄반응PCR, Polymerase Chain Reaction에 의해 사스 병원체의 유전정보를 분석하거나 효소면역측정법의 하나인 엘리자ELISA 등을 사용해 진단할 수 있다.

사스는 증세에 따라 치료하는 수밖에 없다. 뚜렷한 효과를 지닌 항바이러스제가 발견되지 않았기 때문이다. 증상이 나타난 경우 사망률은 약 10퍼센트에 이른다. 현재로서는 면역력을 기르는 것이 최선의 예방법이라 할 수 있다. 적절한 영양분 섭취, 규칙적인 운동 등을 통해 건강을 돌보고, 온몸을 청결히 하면 도움이 된다.

1년 동안 8,000명 이상에게 전파되어 774명의 목숨을 앗아 간 이 질병이 어떤 경로로 소강상태에 들어갔는지는 아직 밝혀내지 못했다.

중동호흡기증후군, 메르스

2015년 5월 20일, 우리와는 상관없다고 생각했던 감염병 메르스가 우리나라에서 처음 발생했다. 중동 지역에서 발생해 호흡기증상을 일으키는 병이므로 중동호흡기증후군MERS, Middle East Respiratory Syndrome이라 부르는 감염병이다. 원인은 6번째 발견된 코로나바이러스였다. 우리나라는 2015년 유행 이후 아직 환자가 나오지 않았지만 세계적으로는 2012년에 첫 환자가 발생한 후 사우디아라비아를 중심으로 꾸준히 환자가 발생하고 있으며, 지금까지 모두 약 3,000명의 환자가 나왔다.

메르스의 원인인 코로나바이러스의 6번째 변종은 2012년 이집트의 알리 무함마드 자키가 환자의 폐에서 처음 분리했다. 역학적으로 보면 낙타가 감염원이므로 낙타와 접촉할 때 전염된다. 세계보건기구에서는 낙타에서 사람에게 전파되는 확실한 경로는 아직 제대로 모른다고 이야기하고 있다.

2015년 이후 환자가 많이 생기지 않아서 그런지 예방백신이 개발되었다는 소식이 아직 없다. 예방을 위해서는 낙타와 접촉을 피하고 일반적인 호흡기 감염 예방법을 시행하면 된다. 사람이 많은 곳을 피하고, 코로 들어오는 바이러스를 막기 위해 마스크를 쓰고, 손을 비누로 잘 씻어야 한다. 호흡기로 감염되는 바이러스는 대체로 생존력이 강해 어딘가에 묻어서 오래 버티는 경향이 있으므로 손을 씻는 것이 중요하다.

메르스는 잠복기가 2~14일이다. 따라서 중동 지역을 다녀온 후 14일이 지나기 전에 열이 나고 기침이나 호흡곤란 등 호흡기 이상 증세가 있다면 신고하고 바로 검사받는 것이 좋다.

코로나바이러스 감염증-19, 코로나19

2019년 12월 1일, 중국 우한에 원인을 알 수 없는 폐렴 환자가 발생했다. 이 병의 원인은 사람에게서 발견된 바 없는 7번째 코로나 바이러스라고 밝혀졌다. 일반적인 호흡기 감염과 유사하지만 아주 잘 전파되고, 사스나 메르스보다 치사율이 낮은 것이 특징이었다. 대체로 노약자들에게서 병이 빨리 진행되어 치명적인 상태에 이르는 경우가 많았으며, 잘 퍼지는 것이 무엇보다 큰 문제였다.

코로나19COVID-19가 증상이 없을 때도 전파된다는 사실이 알려지자 통제는 더욱 어려워졌다. 가장 중요한 것은 마스크를 쓰는 일이었는데, 우리나라에서는 초기에 마스크 품귀 현상이 일어나서 2장의 마스크를 사기 위해 장시간 줄을 서는 일이 벌어져 사회문제가 되기도 했다. 게다가 지금까지 선진국이라 일컬었던 여러 나라에서 초기 대응을 부실하게 하면서 환자가 마구 증가하고 말았다.

코로나19의 전파력이 강한 것은 이 바이러스가 폐 세포로 들어가는 힘이 아주 세기 때문이다. 감염병을 해결하는 가장 좋은 방법은 백신으로 예방하는 것이지만 백신은 개발과 임상시험에 오랜 시간이 걸린다. 특효약 개발도 마찬가지다. 이미 시중에서 사용 중인, 안전성이 확보된 약 중에서 코로나19를 치료할 수 있는 약을 찾아내는 것이 훨씬 빨리 시도할 수 있는 방법이다.

유행 초기에 일본에서는 아비간, 중국에서는 파비피라비르를 치료제로 사용한다는 보도가 있었는데 이 둘은 같은 약이다. 그러나 코로나19에 효과가 있다는 점이 증명되지 않은 것이 문제였다. 우리나라 환자 중 첫 번째 완치자에게는 렘데시비르를 사용했다는 사실이 알려졌다. 이 약은 본래 미국의 제약회사에서 에볼라 출혈열 치료를 위해 개발했던 약이다. 에볼라 출혈열 치료 효과가 기대에 미치지 못해 사용하지 않았으나 코로나19에 시험해 본 결과 중증 환자의 치료 기간을 줄이는 데 도움이 되어서 환자들에게 공식적으로 사용하는 첫 치료제가 되었다.

코로나바이러스와 같은 RNA 바이러스의 증식을 막는 약은 많이 있다. 그러나 이론과 실제가 다르니 반드시 임상시험을 해야 한다. 현재 수십 가지 약을 대상으로 코로나19 치료제로서의 가능성을 시험하고 있다.

초기에 치료약이 없다는 이야기가 전해지면서 병원에 가면 뭘 하느냐는 의문을 가진 사람들도 있었다. 그러나 코로나19에 특별히 잘 듣는 치료약이 개발되지 않았다는 뜻이고, 치료제로 사용할 만한 약은 많이 있다. 의료진이 증상을 관찰하면서 그에 알맞은 약을 처방하고 있으므로 2주 내에 약 90퍼센트의 환자가 완치되어 일상으로 복귀하고 있다.

코로나19 감염을 완벽하게 해결하려면 모두가 환자를 직접 돌보는 의료인들이 사용하는 우주복 같은 옷을 입으면 된다. 그렇게 할 수 없어서 대신 마스크를 쓰는 것이며, 마스크는 비말로 인한 감염을 예방하는 목적이다. 그런데 코로나19 예방을 위해 전 국민이 마스크를 쓰고 손을 열심히 씻다 보니 다른 호흡기 감염질환의 빈도가 크게 줄었다고 한다.

　　마스크는 공기 중의 바이러스의 침입을 막기 위한 것이고, 손 씻기는 손에 묻은 바이러스의 침입을 막기 위한 것이다. 어딘가에 묻어 있을 때 전파될 가능성이 크므로 손을 비누칠해서 잘 씻어야 한다.

　　코로나19는 전파력이 강해서 문제가 된다. 하지만 치사율이 아주 높지는 않다. 따라서 적절한 치료제만 찾아낸다면 지금보다 훨씬 편안하게 일상을 보낼 수 있을 것으로 기대한다.

진로 찾기 **역학조사관**

코로나19가 유행하기 시작한 이후 매스컴에서 역학조사관이라는 직업을 쉽게 접할 수 있게 되었다. 역학은 인간과 동물 집단 내에서 일어나는 유행병의 원인과 발생 양상을 밝히는 학문이다. 역학조사관은 감염병의 연결 고리를 끊는 과정에 가장 핵심적인 역할을 한다. 전염병 환자가 발생하는 경우 그 환자의 동선을 추적해 어느 시점에 누구로부터 바이러스가 전파되었는지 알아내고, 그 후로 언제 어디를 돌아다녔는지 확인해 직접 만났거나 그 주변에서 스쳐 지나간 사람들까지 진단을 받게 한다.

우리나라는 세계적으로 코로나19에 대한 방역을 잘했다고 평가받는다. 다른 나라와 비교하면 상대적으로 국민들이 일상생활에 큰 지장을 받지 않았고, 의료진이 감당할 수 없을 만큼 환자가 많이 발생해 치료를 못 받는 일이 극히 적었기 때문이다. 처음 환자가 생겼을 때부터 역학조사관이 모든 환자와 접촉자의 증상과 동선을 조사해 전파 가능성이 있는 모든 사람을 파악하려 했다. 그리고 정보를 공개해 누구든 자신이 환자를 만날 가능성이 있었는지 확인해 진단받도록 했다. 환자가 생기기 전에 먼저 진단하고, 방역조치를 취하기 위해서는 엄청난 노력이 필요하지만 국민들의 일상생활을 최대한 보장하려면 해야 하는 일이었다.

감염자가 폭발적으로 늘어나 몰려든 환자를 감당할 수 없게 되자 의사, 간호사 들은 다른 지역으로 파견 가서 근무하기도 했다. 역학조사관들도 갑자기 많아진 조사 대상자들을 만나고 정보를 얻느라 엄청나게 힘든 시간을 보냈다. 이런 분들 덕분에 우리나라가 방역을 잘한다는 평가를 받을 수 있었다.

역학조사관으로 일하려면 보건복지부와 질병관리본부에서 시행하는 국가 자격 시험을 통과해야 한다. 시험을 보려면 우선 자격을 갖추어야 한다. 응시 자격은 다음과 같다.

(감염병의 예방 및 관리에 관한 법률 제60조제2항에) ① 방역, 역학조사 또는 예방접종 업무를 담당하는 공무원, ②「의료법」제2조제1항에 따른 의료인(의사·치과의사·한의사·조산사 및 간호사), ③ 그 밖에 「약사법」제2조제2호에 따른 약사, 「수의사법」제2조제1호에 따

른 수의사 등 감염병·역학 관련 분야의 전문가

이 내용 중 하나에 해당하는 사람이 역학조사 교육훈련 과정을 이수한 후에 일을 할 수 있게 된다. 역학조사관은 전염병 확산을 막고 방역 대책을 세우는 전문가다. 대학교나 대학원에서 의학, 간호학, 수의학, 약학, 보건학을 전공한 경우가 많다. 또한 질병관리청 같은 기관에서 일한 경력이 있으면 도움이 된다.

뉴스에 나오는 의학 관련 정보를 듣고 있노라면 "의학전문기자 OOO입니다"라 말하는 것을 볼 수 있다. 또 신문에서도 기사를 쓴 기자의 이름 앞에 의학전문기자라 표기하는 경우가 있다.

외국에서는 의사면허를 얻은 이후 다른 분야에서 일하는 일이 흔했지만 우리나라에서는 1980년대까지 다른 분야에서 일하는 의사를 찾기 어려웠다. 그러나 1990년대에 들어서 신문사에서 의학전문기자를 뽑기 시작했다. 반응이 좋았는지 신문사에서 의사면허 소지자를 대상으로 의학전문기자를 선발하는 일이 늘었고, 방송국에서 기자로 활동하는 의사도 많아졌다.

의학전문기자는 대부분 의과대학을 졸업한 후 의사자격시험을 통과해 의사면허를 가진 사람이다. 하지만 의사 시험을 치르지 않았더라도 열심히 공부해 의학 관련 기사를 전문적으로 쓴다면 의학전문기자라 할 수 있다. 새로운 약과 기술이 계속 개발되므로 꾸준히 공부하는 사람만이 의학전문기자로 살아남을 수 있다.

의학은 전문 지식이 필요한 분야다. 의학에서는 간단히 이야기했다가는 오해를 살 수 있는 지식이 아주 많이 있다. 예를 들면 '우울증이 심하면 자살할 가능성이 있다'라는 표현도 맞고, '우울증이 심하면 자살을 시도하지 않는다'라는 말도 맞다. 우울한 기분이 지속되어 극단적인 선택을 할 수 있지만 우울한 기분이 잠시 지속되다 마는 정도라면 그런 선택을 하지 않는다. 반대로 우울증이 심해 완전히 기분이 가라앉아서 움직일 의욕조차 없는 경우는 어떤 행동도 하지 않는다. 이런 내용을 짧은 글로 표현하면 오해를 살 수 있는 것이다. 따라서 의학전문기자로 활동하기 위해서는 정확한 의학 지식을 갖추는 일이 무엇보다 중요하다.

의학전문기자는 평소에 폭넓은 분야를 다양하게 공부하고 새로운 기삿거리가 생길 때마다 깊이 있게 취재해야 한다. 기사의 내용에 책임지는 자세가 필요하다.

4장

전염병 해결의
실마리

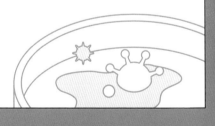

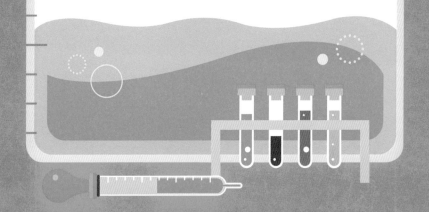

비약적으로 발전한 현대 의학은 계속 치료제를 개발하면서
인류를 위협하는 바이러스성 전염병을 해결해 가고 있다.

임상시험의 중요성

2020년 내내 전 세계는 이전에 경험해 보지 못한 세상에서 어수선한 한 해를 보냈다. 공항에는 비행기가 줄지어 서 있고, 시내 곳곳에 서 있는 관광버스를 발견하는 일도 흔해졌다. 식당에는 손님이 줄어들고, 공연장에서는 사람들이 멀찍이 거리를 두고 앉게 되었다. 이와 관련된 산업에 종사하는 사람들은 수입이 줄어들어 어려움을 겪고 있는데 코로나19 환자 발생은 줄어들 기미를 보이지 않으니 끝이 어딘지 모르는 망망대해에서 방향을 찾지 못하고 헤매는 기분이 든다. 가장 쉬운 해결책은 백신을 개발해 예방하는 것이지만 시간이 필요하다는 이야기만 들린다.

왜 시간이 필요하다는 것일까? 예방백신을 전 국민에게 접종한다고 생각해 보자. 0.1퍼센트에서만 부작용이 생겨도 수만 명이 피해를 입는다. 코로나19 환자가 반년간 1만 5,000명 정도 발생했고, 그중 약 2퍼센트가 사망하고 나머지는 정상으로 돌아올 수 있음을 감안하자. 임상시험을 제대로 하지 않았을 경우의 피해가 전염병이 유행해 생기는 피해보다 훨씬 크다. 임상시험만큼은 신중하게 진행되어야 한다.

콜레라균을 들이마신 페텐코퍼

콜레라는 비브리오 콜레라라는 세균이 인체에 감염되어 발생하는 전염병이다. 19세기 내내 줄기차게 인류를 공격했으며, 인류에게 공중보건의 중요성을 깨닫게 했다.

19세기 초반 인도에서 시작된 콜레라는 대륙을 뛰어넘어 유럽으로 쳐들어갔다. 당시 세계사의 중심지였던 유럽이 콜레라의 공격을 받게 되자 유럽의 모든 학자가 이를 해결하기 위해 뛰어들었다. 영국의 존 스노도 그중 한 명이었다.

1853년 런던에서 콜레라가 유행하자 스노는 환자 분포와 상수도 회사의 관계를 조사해 특정 회사의 물을 공급받는 가정에서만 환자가 생겼다는 사실을 밝혀냈다. 그는 물속에 포함된 무언가가 콜레라를 일으킨다는 생각을 가지고 콜레라 해결에 노력했다. 그는 '공중보건학의 아버지'라는 별명과 함께 역사에 이름을 남겼다.

그러나 당시에 스노가 했던 일은 가설을 세운 것뿐이었다. 런던에서 콜레라 환자 발생이 줄어들었던 것은 독일의 막스 페텐코퍼 덕분이었다. 지표수의 수위가 갑자기 올라가면 토양 속 수분이 증가하고, 수위가 떨어지면 수분이 감소하면서 습한 토양층이 생긴다. 페텐코퍼는 이 습한 토양층을 통해 오염된 공기미아즈마가 전염되면서 콜레라가 발생한다는 이론을 세웠다.

페텐코퍼의 주된 관심은 공중위생에 있었다. 그는 뮌헨 대학교의 종신 교수가 된 후 바이에른의 3개 대학 모두에서 위생학을 독립된 학문 영역으로 만들었다. 또한 뮌헨 대학교에서 직접 위생학 주임교수를 맡았고, 바이에른주 정부로부터 위생연구소를 세우도록 요청받는 등 자신의 영역에서 우뚝 선 사람이었다.

파스퇴르가 전염병의 원인은 미생물이라는 사실을 증명했을 때도 페텐코퍼는 지표면의 수위와 미아즈마에 의해 전염병이 발생한다는 자신의 이론을 굽히지 않았다. 그러던 중 1883년 독일에서 이집트로 파견된 코흐의 연구팀이 콜레라의 원인균을 발견했다.

그러나 콜레라균이 콜레라의 원인이 될 수 없다고 생각했던 페텐코퍼는 이를 증명하기 위해 자신을 실험에 이용했다. 콜레라균이 포함된 용액을 마신 것이다. 의외로 아무 일도 생기지 않았다.

코흐가 준 콜레라균을 마신 뒤에도 아무 증상이 나타나지 않자 페텐코퍼는 자신의 이론을 더욱 강력히 주장하면서 먹는 물과 지표수를 분리하는 체계를 고안했다. 또한 뮌헨의 모든 집에 깨끗하고 신선한 물을 공급해서 사람들이 씻을 수 있도록 해야 한다고 주장했다. 그의 정책을 따른 도시에서는 놀랍게도 콜레라가 퇴치되기 시작했다.

이 결과를 본 영국에서도 스노가 주장할 때는 따르지 않던 상수도 체계를 뒤늦게 개선해 콜레라에서 벗어날 수 있었다. 물론 페텐코퍼의 이론은 잘못되었지만 그는 결과적으로 콜레라를 해결했다.

헌터와 베링의 임상시험

약을 주로 사용하는 내과는 중세 이후 대학에서 의학교육이 이루어졌다. 반면 상처 부위를 수술하는 외과는 별도의 대학 교육 없이 관심이 있는 사람이 실력 있는 선생을 만나 배우는 방식이 오래 지속되었다.

오늘날 '영국 외과학의 아버지'라 일컫는 존 헌터 역시 의과대학을 다니지 않은 채 세인트조지 병원에서 외과의사로 일했다. 그는 실력이 출중해 왕립협회 회원으로 선출되기도 했다.

동물을 해부해서 원하는 부위의 구조를 알아보는 일을 가장 본격적으로 시작한 인물이 바로 헌터다. 헌터는 해부가 끝난 동물의 시체를 완전히 가열해 살을 분리하고 뼈만 모아서 표본으로 간직했다. 오늘날 그가 수집한 물품은 오늘날 왕립외과학회의 헌터박물관에서 관람객들을 기다리고 있다.

헌터는 성관계에 의해 전파되는 감염질환이 한 가지라는 사실에 의문을 품었다. 그래서 그는 자신의 몸에 직접 실험하다가 매독과 임질이 서로 다른 감염병임을 알아냈다. 당시는 이 두 병에 대한 치료법이 개발되어 있지 않았으므로 자신의 몸을 이용해 실험한 것은 무모한 일이었다.

한편 베링은 1889년부터 국립 베를린 보건 연구소에서 일하며 당시 어린이들에게 유행하던 디프테리아를 치료할 방법을 연구하기 시작했다. 그때 그의 실험실 동료인 기타사토는 파상풍과 이를 일으키는 독소를 만드는 세균에 대해 연구 중이었다. 기타사토는 파상풍, 베링은 디프테리아를 연구하다가 비슷한 결과를 얻었다. 감염되었다가 회복된 환자의 핏속에 독소를 중화시키는 물질이 존재한다는 사실을 발견한 것이다.

베링과 기타사토의 실험이 성공함으로써 면역학을 이용한 치료가 가능하게 되었다. 항독소를 함유한 혈청을 주입하면 디프테리아를 예방할 수 있다는 점을 확인한 두 사람은 디프테리아에 걸린 어린이들에게 이를 주사해 치료하고자 했다. 이를 위해 베링은 베를린에 있는 한 고아원 어린이들을 대상으로 임상시험을 시작했다.

그 이후 디프테리아 혈청치료의 효과를 입증할 수 있는 기회가 생겼다. 디프테리아 증상을 보이는 아이들이 두 병원 중의 한

곳으로 실려왔는데 한 병원에서는 면역혈청치료를 시행한 반면 다른 병원에서는 시행하지 않았기 때문이었다. 치료법의 효과는 놀라웠다. 치료법이 도입된 병원에서의 사망률이 절반으로 떨어졌고, 이를 도입하지 않은 병원에서는 변화가 없었다. 디프테리아를 예방할 수는 없었지만 질병에 걸렸을 때 살아날 확률이 2배가 된 것이다. 누가 보아도 명백한 증거였다. 그 후 3년 동안 약 2만 명의 어린이에게 이 치료법이 시행되었고, 매우 높은 치료 성공률을 보였다.

문제는 이 과정에서 베링이 고아원 아이들을 대상으로 임상시험을 했다는 점이다. 연구 윤리에 따르면 실험 참가자의 의사가 중요하고, 효과와 부작용에 대해 충분한 설명을 해준 후에 직접 판단하도록 해야 한다. 당시의 연구 윤리 기준이 지금과 같지는 않겠지만 자신이 개발한 면역치료제의 효과를 검증하기 위해 힘이 없는 어린이들을 임상시험 대상으로 삼은 것은 옳지 않은 일이었다.

엉터리 임상시험에 의한 비극

1958년부터 1962년 사이에 팔다리가 없거나 짧은 아기들이 태어나서 세상을 충격에 몰아넣었다. 원인을 찾아본 결과 산모들이 공통적으로 콘테르간이라는 약을 복용했다는 사실이 밝혀졌다.

콘테르간은 1957년 10월에 서독에서 발매되어 의사의 처방 없이 구입할 수 있는 일반약이었다. 임산부가 복용할 경우 입덧이 줄어들어 일상생활이 편해지고, 잠을 잘 잘 수 있게 되므로 유럽, 오스트레일리아, 일본 등에서 인기리에 판매되었다. 그러나 이 약이 판매된 이듬해부터 사지가 짧거나 없는 아기들이 태어났다.

약의 중요 성분인 탈리도마이드는 생쥐가 몸무게 1킬로그램당 5그램을 먹어도 죽지 않을 정도로 안전해 보였다. 그러나 결과적으로 콘테르간은 동물실험에서 나타나는 효과가 사람에게서는 다를 수 있음을 보여 준 대표적인 사건으로 남았다.

그런데 미국에서는 이 약이 사용되지 않았다. 약품 사용 허가를 담당하는 미국 FDA^{우리나라의 식품의약품안전처와 같다}의 담당자 프랜시스 켈시가 승인하지 않기 때문이다. 켈시는 제출된 서류가 부족하고, 실험 자료도 부실하며, 태아에게 미치는 영향이 제대로 검토되지 않았음을 발견해 사용을 허가하지 않았다. 제약회사가 다방면으로 압력을 넣었지만 수차례의 승인 요청을 모두 거부했다. 그 덕분에 전 세계 48개국에서 발생한 기형아의 탄생을 미국에서는 막을 수 있었다. 켈시는 후에 이 공로를 인정받아 케네디 대통령에게 훈장을 받았고, 미국 FDA는 2010년에 그녀의 이름을 딴 상을 제정했다.

이미 60년도 더 전의 일이므로 상황이 지금과 다르다는 사실은 인정할 수 있다. 그러나 탈리도마이드 사건은 임상시험이 얼마나 중요한지 알려 준다. 문제가 발생한 후 시행한 동물실험에서 탈리도마이드를 쥐에게 투약했을 때는 사람에서 나타난 선천성 기형이 발생하지 않는 경우가 있었다. 또 탈리도마이드를 복용한 임산부 중에서도 정상적인 아기를 출산한 경우가 있었다. 개인에 따라 약의 효과가 다르게 나타날 수 있다는 사실을 알 수 있다. 이때의 경험을 바탕으로 임상시험의 중요성이 크게 인식되었다.

오늘날에는 새로운 약이 판매되려면 우선 약효를 지닌 물질을 찾은 후 실험실에서 배양하는 세포에 넣어서 효과를 시험한다. 그 후 얼마나 많은 양을 어떤 경로로 투여해야 가장 좋은 효과가 나오는지 확인하기 위해 동물실험을 한다. 두 종류 이상의 동물을 대상으로 약을 투입했을 때 약효와 부작용을 관찰해야 한다. 실험동물에서 약이 효과가 있고, 부작용이 없다면 사람을 대상으로 4단계에 걸친 임상시험을 실시한다.

1단계에서는 소수의 건강한 성인에게 약을 투여해 흡수, 분포, 대사, 배설 과정에 대한 자료를 수집해 안전성을 평가한다. 2단계에서는 투여하는 양에 따라 달라지는 효과를 확인한다. 3단계에서는 수백 명 이상의 환자를 대상으로 약의 유효성과 안전성을 최종적으로 검증한다. 여기까지 별 문제가 없어야 약이 시중에 판매될 수 있으므로 흔히 '임상 3상을 통과해야 한다'고 말한다. 아주 시급히 해결해야 할 병이 있는 경우에는 3상[3단계]을 생략하고 4단계로 넘어가기도 한다. 4단계에서는 먼저 약을 상품으로 내놓고, 의사의 처방에 따라 환자들이 사용할 수 있게 한 후 그 환자들에게 예상치 못한 효과나 부작용이 나타나지는 않는지 는 추적 조사한다.

탈리도마이드의 비극이 발생하고 반세기 이상이 지난 지금은 탈리도마이드가 한센병 치료, 혈관 생성 억제 등에 효과가 있다 고 알려져 있다. 1998년에는 한센병 합병증 치료용으로, 2006년 에는 다발성 골수종 환자 치료용으로 미국 FDA에서 사용을 승 인했다. 한때는 부작용이 큰 몹쓸 약이었지만 지금은 좁은 용도 로라도 사용 가능한 약이 되었으니 의학이란 참으로 오묘하다고 할 수 있다.

백신과 항체 치료법

1796년, 시골 의사로 일하던 제너는 두창을 예방할 수 있는 종두법을 발견했다. 인류 역사상 최초로 전염병을 예방할 수 있게 된 사건이다. 우두소의 두창에 걸린 사람은 평생 두창에 걸리지 않는다는 사실이 알려져 있었는데 제너는 여기에서 힌트를 얻었다. 두창 환자의 병터에서 시료를 뽑아내어 젊은 시절 우두에 걸린 적 있는 61세 노인에게 주입해 보니 이 노인은 두창에 걸리지 않고, 건강한 몸을 유지한 것이다. 그 후 우두를 이용한 두창 예방법인 종두법이 개발되었다.

1장에서 소개한 대로 파스퇴르는 제너의 방법을 개선해 닭콜레라, 탄저, 광견병 세 가지 질병에 대한 예방접종법을 성공적으로 개발했다. 그리고 제너가 종두법을 개발할 때 소에 생긴 상처 부위를 이용했다는 점에 착안해 라틴어로 암소vacca를 의미하는 용어를 이용해 자신이 개발한 방법에는 예방접종vaccination, 이때 사용하는 재료에는 백신vaccine이라 이름 붙였다. 백신을 이용한 예방법을 개발한 제너는 면역학의 아버지라 불리게 되었고, 세균에 의한 탄저와 바이러스에 의한 광견병을 동시에 해결한 파스퇴르는 미생물학의 아버지라는 별명을 갖게 되었다.

최초의 노벨 생리의학상

2013년에 개봉한 영화 <감기>에서는 우리나라에 치명적인 변종 독감이 유행한다. 이에 세계보건기구에서는 환자가 발생한 도시 전체에 폭탄을 터뜨려 세계로 번지는 것을 막자고 했다. 그러나 대통령은 감염되었다가 회복한 어린이를 찾기만 하면 항체를 얻을 수 있으니 치료가 가능하다고 주장했다. 물론 수많은 환자가 발생한 상황에서 어린이 한 명이 가진 항체를 분리한다고 해결될 일은 아니지만, 항체를 넣어 주는 것은 예방접종을 통해 항체 합성을 유도하는 것보다 더 직접적으로 면역력을 키우는 방법이라 할 수 있다. 이런 방법의 시초는 120년도 더 과거로 올라간다.

노벨상이 1901년에 첫 수상자를 선정했을 때 생리의학상을 수상한 사람은 베링이었다. 베링의 업적은 디프테리아 해결을 위한 혈청치료법을 개발한 것이었다.

1854년, 독일에서 태어난 그는 군의학교에서 의학을 공부한 뒤 육군 군의관으로 6년간의 의무복무를 하는 동안 주로 감염성 질환의 병인, 진단, 치료에 대한 연구를 진행했다. 1888년에 전역 후 희망대로 코흐의 연구실에 자리를 얻은 그에게 처음 주어진 과제는 디프테리아의 해결책을 찾는 일이었다.

제너나 파스퇴르는 병원체가 통째로 들어 있는 재료를 이용했지만 디프테리아는 세균이 방출하는 독소가 인체에 해를 일으키므로 디프테리아균을 통째로 이용할 수 없었다. 대신 베링은 세균이 방출하는 독소에 대한 적응력을 높이는 방법으로 치료 약을 제조하고자 했다. 먼저 토끼를 이용한 실험에서 치사량 이하의 독소를 주입한 토끼는 후에 과량의 독소를 투여해도 감염 증상이 나타나지 않는다는 사실을 확인했다. 그리고 면역이 생긴 동물의 혈액에서 독소를 중화시키는 물질을 분리하는 데 성공했다. 베링은 1890년 12월에 이 사실을 발표한 뒤 병에 걸린 환자로부터 채취한, 항체가 포함되어 있는 혈청을 투여함으로써 그 효과를 인정받았다. 그의 면역혈청요법은 수동면역요법에 해당하는 것으로 제너와 파스퇴르가 확립한 능동면역요법과 대비되는 새로운 개념의 예방접종법이라 할 수 있다.

코흐는 1870년대부터 전염병이 세균에 의한 것임을 증명하는 방법을 정립하고 탄저, 결핵, 콜레라의 원인균을 발견했다. 그런데 지도교수라 할 수 있는 코흐는 1905년에야 노벨 생리의학상 수상자가 되었는데 제자인 베링이 먼저 수상한 이유는 무엇일까?

베링의 노벨 생리의학상 수상은 연구실 동료였던 에를리히와 기타사토의 아이디어와 실험 기법의 도움을 받았다. 게다가 코흐가 부진했던 시기에 노벨상이 제정된 것에 힘입었다고 볼 수 있다. 그러나 학자로서의 인생에서 그가 연구를 멈추지 않고, 사회적·정치적으로 역량을 발휘했다는 점을 간과해서는 안 될 것이다. 노벨상이라는 큰 영광은 훌륭한 착상, 끊임없는 노력, 난관을 극복할 수 있는 지식과 인내 등이 동반될 때 주어지기 때문이다.

소크 대 세이빈, 회색질척수염 백신 대결

회색질척수염소아마비은 피코르나바이러스과에 속하는 폴리오바이러스에 의해 발생하는 질환으로, 고대부터 인류에게 잘 알려진 전염병이다.

회색질척수염이라는 질병 자체는 일찍부터 알려졌으나 바이러스 연구가 본격적으로 시작된 것은 20세기에 들어선 이후였다. 회색질척수염 연구에서 성과를 얻은 것은 ABO식 혈액형을 발견해 노벨 생리의학상을 수상한 카를 란트슈타이너의 연구팀이었다. 이들은 1909년 회색질척수염으로 사망한 두 사람의 척수 조직을 얻어 원숭이의 배안에 주사했다. 시험 6일째 원숭이 한 마리가 하반신 마비 증세를 보이더니 세상을 떠났다. 이미 죽은 원숭이와 그때까지 특별한 이상소견을 보이지 않는 원숭이를 각각 해부해 병리조직검사를 한 결과 두 원숭이의 척수 모두에서 회색질척수염와 유사한 점이 발견되었다. 이로써 미지의 물질이 회색질척수염의 원인이라는 의심을 하게 되었으나 현미경으로도 바이러스를 볼 수 없던 시절이었으므로 밝히지 못하고 지나쳐 버렸다.

시간이 흘러 1939년, 찰스 암스트롱은 흰쥐에 폴리오바이러스를 감염시키면 회색질척수염이 생긴다는 점을 발견했다. 원인을 알았으면 다음은 예방백신과 치료제를 개발하는 단계다. 조너스 소크는 1953년에 폴리오바이러스를 원숭이 신장 세포에 배양하고 증식시킨 다음 포르말린을 이용해 바이러스를 불활성화시켜 백신을 제조했다. 이것이 피부에 접종해 사용하는 최초의 회색질척수염 백신인 '소크백신'이다.

한편 앨버트 세이빈은 1955년 새로운 회색질척수염 백신을 개발했다. '세이빈백신'이라 불리는 이 백신은 시럽 또는 과자처럼 먹는 방식이었고 소크백신보다 여러 면에서 우수함이 인정되어 1957년부터 사용되기 시작했다. 먹는 백신이어서 아주 편리하게 사용할 수 있었으며, 1960년대 초반부터 소크백신 대신 세계적으로 이용되었다.

우리나라의 경우 예방접종을 실시하지 않았던 1950년대까지는 매년 2,000명 정도의 회색질척수염 환자가 발생했다. 그러나 세이빈백신을 접종하기 시작한 1960년대 후반부터 환자 수가 연간 200명 정도로 줄었다. 약독화된 백신을 사용한 1970년대에는 매년 100명 이내의 환자가 발생하다가 1980년대에 들어서 발생환자 수가 눈에 띄게 줄어, 1984년 이후 지금까지는 한 명의 환자 발생도 보고되지 않고 있다. 현재는 신생아 예방접종표에 백신을 맞도록 표시되어 있고, 회색질척수염이 퇴치된 나라로 여겨진다.

1985년에는 국제 로터리 연맹이 회색질척수염 해결을 위한 운동PolioPlus program을 벌이기 시작했고, 1988년에는 세계보건기구, 유니세프, 미국 질병통제예방센터 등 여러 단체가 여기에 합세해 2000년까지 회색질척수염을 박멸하자는 운동이 전개되었다. 효과적인 백신 개발과 박멸 운동에 의해 미국에서는 1991년, 터키에서는 1998년에 마지막 환자가 발생했으며 중국을 포함한 서태평양 지역에서는 1998년, 유럽에서는 2002년에 각각 회색질척수염이 사라졌다는 판정을 받을 수 있었다.

그러나 아프리카 사하라 사막 남쪽 지역에서는 아직까지 유행할 가능성이 남아 있으며, 지금도 회색질척수염 박멸을 위한 프로그램이 진행되고 있다. 회색질척수염은 두창에 이어 두 번째로 지구상에서 사라진 전염병으로 기록될 가능성이 있다. 이는 모두 예방백신이 큰 역할을 했기 때문이다.

암을 예방할 수 있는 새로운 개념의 백신

암은 예로부터 잘 알려진 질환이다. 사람의 몸이 통제할 수 없을 정도로 자라난 암세포가 주변으로 침입해 들어가므로 정상적인 기능을 하지 못해 죽음을 맞이하게 되는 무서운 병이다. 과거에는 불치병이라 여겼지만 20세기 후반부터 연구가 활발히 이루어지면서 이제는 어렵지만 치료할 수 있는 병으로 변해 가고 있다.

그런데 최근에 '암백신'이라는 이야기가 심심치 않게 들린다. 전염병도 아닌 암을 백신으로 예방할 수 있다는 이야기일까?

가장 대표적인 예가 자궁경부암이다. 자궁경부암은 사람유두종바이러스Human papilloma virus에 의해 발생하므로 그 바이러스에 대항하는 백신을 접종받으면 예방할 수 있다. 한때는 여성의 5대암에 포함되기도 했으나 이제는 발생이 조금씩 감소하고 있다. 자궁경부암은 여성의 자궁에 발생하는 암의 대부분을 차지한다. 예방접종을 통해 예방할 수 있는 유일한 암이기도 하다.

사람유두종바이러스가 자궁경부암과 관계 있다는 사실은 1976년에 독일의 해럴드 하우젠에 의해 처음 알려졌다. 그리고 그는 1983년과 1984년에 사람유두종바이러스의 16형과 18형이 각각 자궁경부암을 일으킨다는 사실을 발표했다. 바이러스가 원인이니 이 바이러스를 막을 수 있다면 자궁경부암을 예방할 수 있는 것이다. 암백신이라는 말을 사용하는 이유다.

그런데 이보다 먼저 다른 뜻으로 암백신이라는 용어가 사용되었다. 19세기 말 미국 뉴욕에서 외과의사로 일하던 윌리엄 콜리는 암 환자들에게 급성 세균성 감염이 발생하는 경우 종양의 크기가 줄어든다는 사실을 발견했다. 종양의 크기 변화가 감염과 관계 있다고 생각한 콜리는 살아 있는 세균을 암 환자에게 주입했다. 환자가 회복되는 결과를 얻은 그는 어떤 세균을 어떻게 혼합해 넣어 주었을 때 암이 가장 잘 치료되는지를 알아내기 위해 연구하며 암 환자를 치료할 수 있는 안전하고도 효과적인 방법을 고안했다. 그러나 그의 방법은 오로지 경험에 불과했을 뿐 명확한 기전을 설명할 수 없었으므로 널리 받아들여지지 못한 채 묻히고 말았다.

콜리가 세상을 떠난 후 유품을 정리하던 그의 딸 헬렌 콜리는 아버지의 연구 결과를 친분이 있던 학자들에게 보여 주었다. 연구 기록을 검토한 이들 중에는 암을 해결할 수 있는 새로운 방법에 관심을 가진 사람들이 있었다. 이들의 격려로 헬렌 콜리는 1953년 암의 면역치료법을 정립하기 위한 암 연구소Cancer Research Institute를 설립했다.

면역학은 20세기 후반이 되어서야 학문적인 체계를 갖추게 되었으므로 콜리가 처음 발견했던 현상은 결과만 알 수 있을 뿐 원인을 설명하기 어려웠다. 지금은 인체에서 일어나는 면역기전에 의해 종양발생이 억제된 것이라고 설명할 수 있다. 감염성 질환이 발생하면 면역능력이 활성화되므로 암에 대한 저항성이 커져서 암이 치료되는 것과 같은 현상을 보이는 것이다.

면역 담당 세포들의 능력을 향상시켜 질병을 해결하려는 면역

치료법이 등장하면서 현재는 알레르기, 파킨슨씨병, 치매, 당뇨병 등 수많은 질병에 이 방법을 응용하기 위해 연구하고 있다. 면역기능을 활성화할 수 있는 물질을 주입함으로써 질병을 예방할 수 있다는 점에서 이 방법을 백신이라 하며, 암을 해결하기 위해 특정 물질을 주입하는 방법을 암백신이라 한다.

사람의 몸에는 면역을 담당하는 세포가 여러 가지 있으므로 면역능력을 끌어 올린다면 다양한 병에 대한 저항력을 극대화할 수 있을 것이다. 아직은 전염병이 아닌 병을 예방할 수 있는 방법이 개발되지 않았지만, 가까운 미래에 백신으로 암을 예방할 수 있게 될 것이라는 기대를 해본다.

마법의 탄환과 새로운 약

우리나라 사극을 보면 병든 사람을 구하기 위해 약초를 달이는 장면을 흔히 볼 수 있다. 의학적 지식이 부족한 데다 약이라고 할 만한 것이 거의 없었던 시절이니 할 수 있는 일이라고는 약효를 지녔다고 믿는 물질을 먹는 것이었다. 나라에 따라 달여 먹느냐 씹어 먹느냐에 차이가 있었을 뿐이고, 약으로 사용 가능한 대표적인 물질이 풀이어서 약초에 대한 지식이 발전해 왔다.

16세기에 이르러 스위스의 의학자 파라셀수스가 질병에 따라 다른 처방을 해야 한다고 주장했다. 그는 그때까지 알려진 약을 분류하고, 자신이 찾아낸 약을 추가해 책으로 발행했다.

앞에서 설명했듯이 열대지방으로 진출한 유럽의 침략자들은 말라리아라는 무시무시한 전염병과 마주쳐야 했다. 남아메리카

원주민들에게 말라리아를 치료할 수 있는 식물 키나를 소개받았고, 그 후로 약리학이 발전하면서 약으로 사용 가능한 물질도 많아졌다. 19세기가 끝나기 직전 독일에서 해열 진통 소염제인 아스피린이 개발되었지만 전염병을 해결할 수 있는 약은 20세기가 되어서야 알려지기 시작했다.

전염병 해결을 위한 최초의 화학요법제

19세기 말, 코흐가 이끌던 연구소에는 장차 의학 역사에 이름을 남기게 될 수많은 연구자가 모여들었다. 베링, 기타사토와 함께 에를리히도 그중 한 명이었다.

10대 때부터 염색화학에 큰 관심을 가진 에를리히는 특히 현미경으로 관찰하는 생물 조직을 화학적 방법으로 염색하는 일에 관심이 많았다. 1장에서 소개한 내용처럼 에를리히는 결핵균을 염색하는 방법을 개발하기도 했다.

현미경으로 세포를 관찰하려면 염색을 해야 한다. 그렇지 않으면 화면이 흑백으로 보이므로 미세한 구조물을 제대로 볼 수 없다. 어떤 염색 방법을 선택하는가에 따라 눈에 보이는 모양이 달라지는데, 염색약이 잘 반응하는 부분이 다르기 때문이다.

에를리히는 코흐의 연구실에서 일하며 디프테리아 항독소에 대한 실험을 진행 중이던 베링의 협력자가 되었다. 그는 실험동물에게 적은 양의 식물 독소를 주입하면 독소의 독성이 동물의 혈액에 의해 중화되는 걸 발견했다. 또한 실험동물에 주입하는 독소의 양을 점차 늘리면 천천히 시간을 두고 항독소의 양도 늘어난다는 사실을 발견했다. 당시 베링은 디프테리아 독소에 대한 항독소를 안정적으로 얻지 못하고 있었는데, 에를리히의 방법을 응용해 항독소의 측정법을 알아내어 디프테리아를 해결할 수 있었다.

에를리히에게 염색이란 어떤 물질에 특별히 더 잘 달라붙는 물질이 결합하는 현상이었다. 세균이 염색되어 눈에 잘 보인다는 건 세균에 뭔가가 달라붙어서 잘 보이게 되는 현상이니, 독소가 문제가 된다면 그 독소에 결합하는 항독소를 붙여서 독소의 기능을 막으면 되는 것이다. 사람의 몸에 페인트를 칠하면 행동에 제약이 생기듯이 작은 세균에 뭔가가 잘 달라붙으면 세균이 기능을 못 하고 죽게 될 수도 있다는 생각이었다.

이런 생각에 바탕을 두고 특정 세균에 잘 달라붙는 물질을 찾아내려고 노력한 결과 살발산 606호를 찾게 되었다. 이 물질은 세상에 존재하지 않는 물질을 합성해 얻은 것으로 인류 최초의 합성 화학요법제라 할 수 있다. 살발산 606호는 매독을 치료할 수 있었다.

병이 진행되면 외모가 흉하게 변하고, 뇌를 침범해 피해를 주던 전염병을 치료할 약을 찾아냈으니 에를리히가 높은 평가를 받은 것은 당연한 일이다. 화학적으로 합성한 물질을 약으로 사용할 수 있다는 가능성까지 제시해 주었으니 더할 나위가 없다.

이후 독일의 게르하르트 도마크는 1932년에 설폰아마이드계 약물인 설파제를 합성함으로써 화학요법제의 일반화에 크게 공헌했다. 설파제는 수많은 세균성 질환을 치료할 수 있는 약물이다.

살발산과 설파제는 세균 치료에 쓸모 있는 물질을 만들 수 있다는 점을 확인시켜 주었고, 그 후로 의학자들은 수많은 화학요법제를 계속해서 발견해 오고 있다.

곰팡이가 가진 물질, 항생제

제1차 세계대전 때 알렉산더 플레밍은 프랑스에서 전상자 치료를 했다. 당시에는 독한 화학약품으로 창상칼, 창, 총검 등에 다친 상처 속의 감염성 미생물을 제거했지만 플레밍의 스승 앰로스 라이트는 독한 약품 치료가 오히려 해롭다고 생각했다. 이때 이후로 플레밍의 머릿속에 창상 치료와 감염 치료를 위해 더 좋은 방법을 찾아야 한다는 생각이 자리 잡았다.

시간이 지난 뒤 플레밍은 세균학 백과사전에 실을 포도알균에 관한 글을 요청받고, 최대한 많은 균주와 변종을 수집했다. 대부분의 인체 감염 세균과 마찬가지로 포도알균은 체온에 가까운 온도에서 잘 자라지만 색소는 섭씨 20도 안팎에서 세균이 증식을 멈춘 후 생산된다. 플레밍은 포도알균의 색소가 생산되는 것을 관찰하기 위해 배지를 실온에 방치해 두었다.

그러던 중 배지 하나에 곰팡이가 자라 있고 곰팡이 주위에 세균이 자라지 않은 투명한 부분이 있음을 발견했다. 곰팡이의 종을 확인해 보니 빵에서 자라는 페니실륨Penicillium이었다. 그는 이 물질을 페니실린penicillin이라고 불렀다. 새로운 항균 물질을 발견한 것이다.

페니실린을 생산하는 곰팡이는 실온섭씨 20도에서 자라지만, 세균은 정상체온섭씨 37도에서 잘 자란다. 즉, 공중을 떠돌던 곰팡이가 배지에 내려앉은 것은 세균이 37도에서 한참 자란 후라는 이야기다. 곰팡이가 생산한 페니실린이 세균이 증식한 후에 멸균 효과를 보여준 일은 기적이나 다름없었다. 포도알균을 포함해 다양한 균주를 대상으로 페니실륨 곰팡이의 살균 능력을 실험해 보니 곰팡이는 증식하고 있는 세균에만 효과가 있었고, 이미 증식한 세균을 배지에 옮겨 놓고 실험했을 때에는 효과가 별로 없었다. 페니실린의 발견은 아주 우연히 일어난 사건이었던 것이다.

두 번째 기적은 포도알균이 자라고 있는 배지에 정착한 곰팡이가 다량의 페니실린을 생산했다는 점이다. 플레밍이 나중에 다시 조사했을 때는 어떤 곰팡이도 처음 발견한 것과 같이 충분한 항균 효과를 나타내지 않았다. 이와 같은 두 기적은 변종의 출현 외에는 설명할 길이 없다. 플레밍의 페니실린에 하필이면 발견하기 어려운 변종이 존재했던 것이다.

그러나 플레밍은 "페니실린을 부패성 창상에 사용해 본 결과

강한 화학약품으로 처치하는 것보다 뛰어나다는 것이 밝혀졌다"라고 이야기했을 뿐 더 이상의 시도는 하지 않은 채 연구를 그만두었다.

페니실린의 항균 효과를 체계적으로 실험하고 대량생산이 가능하도록 산업계의 지원을 얻어 낸 사람은 하워드 플로리였다. 그의 옥스퍼드 대학 연구팀은 창상 감염으로 인한 사망을 줄이는 법을 연구 중이었다. 그는 독일 출신의 조수 언스트 체인에게 그때까지 발표된 문헌을 조사해 항균 효과를 지니고 있을 만한 물질, 그중에서도 대량 생산이 가능한 것을 찾아보도록 했다. 플레밍의 논문을 발견한 체인은 운 좋게 플레밍이 사용한 곰팡이를 구할 수 있었다.

플로리의 연구팀은 페니실륨 곰팡이가 항균 효과를 지닌다는 플레밍의 발견을 재확인할 수 있었고, 페니실린이 포도알균 감염, 매독, 임질, 세균성수막염 등 다양한 전염병을 치료하는 약으로 사용될 가능성이 크다는 사실을 발견했다. 제1차 세계대전에서 질병으로 인한 미군의 사망률은 1,000명당 14.1명이었으나, 제2차 세계대전에서는 설파제와 페니실린 덕분에 질병으로 인한 사망률이 1,000명당 0.6명으로 감소했다. 페니실린이 기적의 약 취급을 받은 것은 당연한 일이었다. 페니실린을 발견한 플레밍과 상용화에 성공한 플로리, 체인은 공로를 인정받아 1945년에 노벨 생리의학상을 수상했다.

한편 페니실린 발견의 이야기를 전해 들은 미국의 토양 미생물학자 왁스먼에게 새로운 생각이 떠올랐다. 세상에 곰팡이 종류가 아주 많으니 세균 감염을 치료할 물질을 가진 곰팡이가 또 있을 거라는 생각이었다.

그가 이끄는 연구팀은 수많은 곰팡이를 대상으로 폭넓은 연구를 진행했다. 기대에 걸맞게 액티노마이신을 비롯해 전염병 치료에 사용 가능한 물질을 찾을 수 있었으며, 1944년에는 결핵을 치료할 수 있는 스트렙토마이신을 발견했다. 그는 이 공로로 1952년 노벨 생리의학상을 수상했으며, 곰팡이가 함유하고 있는 멸균 효과를 지닌 물질에 '항생제antibiotics'라는 이름을 붙였다.

그 후로 클로람페니콜, 에리스로마이신, 테라마이신 등의 항생제가 왁스먼에 의해 발견되고, 연이어 다른 연구자들이 새로운 항생제를 찾아내면서 항생제의 시대로 접어들었다. 페니실린의 발견은 항생제 시대의 서막을 열었다. 제약산업이 지금과 같은 모습을 갖추게 된 것은 항생제 덕분이라 할 수 있다.

발전하는 항바이러스제

최초의 항바이러스제는 무엇일까? 일반적으로 최초의 항바이러스제는 1950년대에 미국의 윌리엄 프루소프가 합성한 아이독수리딘idoxuridine으로 여긴다. 아이독수리딘은 핵산을 구성하는 염기 중 하나인 티미딘T이 들어갈 자리에 끼어든다. 원래 항암제로 개발한 약이지만 1963년부터 단순포진을 치료하는 항바이러스제로 사용할 수 있도록 미국 FDA의 승인을 받았고, 그 이후 지금까지 약 90개의 항바이러스제가 개발되었다.

암 치료에 사용하려고 개발한 약을 바이러스 감염 치료에 사용한다는 게 무슨 뜻일까?

암세포와 미생물 병원체는 세포수가 늘어나야 문제를 일으킬수 있다는 공통점을 지닌다. 정상세포가 어느 순간 암세포로 바뀌었다 해도 수가 늘지 않으면 별 문제가 없다. 마찬가지로 세균이나 바이러스가 사람 몸에 들어온다 해도 수가 늘어나지 않으면 어떤 문제도 일으키기 어렵다.

암세포는 진핵세포이고, 병원성 미생물은 원핵세포다. 그 외에도 아직까지 밝혀내지 못한 차이가 존재한다. 예를 들면 앞에서 항생제로 거론한 에리스로마이신은 세균의 RNA에서 단백질을 합성하는 과정을 억제하지만 진핵세포에서는 그런 기능을 하지못한다. 또 사이클로헥시마이드는 진핵세포의 RNA에서 단백질을 합성하는 과정을 억제하지만 원핵세포에서는 그 역할을 하지못한다. 정확한 이유는 알려져 있지 않으며, 이 차이는 약을 합성한 후 반드시 임상시험을 해야 하는 이유 중 하나다.

에이즈는 처음 발견했을 때는 불치병이었지만 지도부딘이라는 치료제가 개발되었다. 이 약 역시 1964년에 항암제로 개발한약이었지만 효과가 없어서 사용하지 못했다. 그러나 에이즈의 원인이 되는 인체면역결핍바이러스의 증식을 억제하는 효과가 있음이 알려져 1986년에 미국 FDA의 승인을 얻어 항바이러스제로 사용하게 된 것이다.

지금까지 미국에서 승인된 항바이러스제는 작용기전에 따라 13가지로 구분한다. 이렇게 구분하면 작용기전을 토대로 다른 병에도 사용할 수 있는지 가능성을 알아보는 데 도움이 된다. 코로나19 치료제를 찾는 과정도 새로운 항바이러스제 개발과 이미 발견되어 있는 약제 중 작용기전을 보면서 치료 가능성이 있는 약을 시험하는 것이 모두 해당된다.

현대 의학은 계속 치료제를 개발하면서 인류를 위협하는 바이러스성 전염병을 해결해 가고 있다.

위생과 보건정책의 중요성

1796년 제너가 개발한 종두법 덕분에 인류는 역사상 최초로 전염병을 예방할 수 있게 되었다. 19세기 후반 파스퇴르가 닭콜레라, 탄저, 광견병의 백신을 개발하면서 인류는 백신으로 전염병을 해결할 수 있을 거라고 기대했다. 뒤를 이어 20세기 초반에는 세균 감염 치료에 도움을 줄 수 있는 화학요법제와 항생제가 발견되었고, 20세기 후반에는 바이러스, 곰팡이, 리케차 등 거의 모든 종류의 미생물 병원체에 의한 감염병을 해결할 수 있는 약이 개발되었다. 물론 일부 감염질환에 대해서는 아직 적절한 약이 개발되지 않았지만 말이다.

그런데 다음의 그래프가 발표되었다. 의학자들은 깜짝 놀랄 수밖에 없었다. 약과 백신이 감염병을 퇴치했다고 믿었는데 큰 역

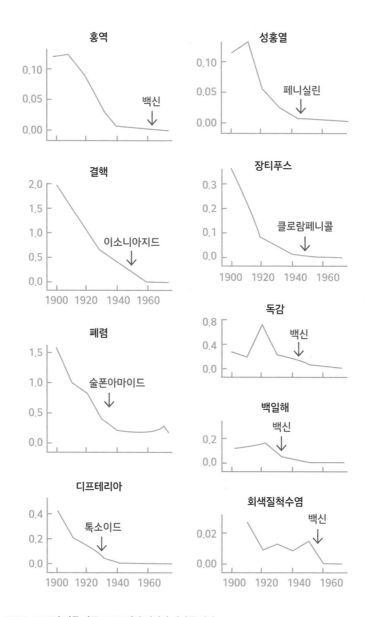

1900~1973년 미국 인구 1,000명당 전염병 사망률 변화

할을 하지 못했다는 점을 보여 주었기 때문이다. 이미 오래전부터 감염병 치사율이 낮아지고 있었던 것이다.

백신과 약이 아니라면 도대체 무엇이 전염병 피해를 줄여 주었을까? 이유를 찾기 위해 학자들이 덤벼들기 시작했다.

오래전부터 알려져 있던 위생의 중요성

유럽에서 페스트가 유행하던 14세기에는 환자와 접촉하면 병이 전염될 수 있다는 사실이 알려졌다. 그런데 환자를 피하는 것은 물론 시체조차 처리하지 않으려 하는 경향이 생겨났다. 이로 인해 위생 상태가 더 나빠져 전염병이 창궐하는 계기가 되기도 했다.

15~16세기 르네상스 시대에는 병이 났을 때의 증상을 자세히 기술하기 시작했다. 이때부터 위생이 중요하다는 사실이 알려졌다.

1769년, 증기기관을 개량하여 영국의 제임스 와트가 새로운 특허를 얻었다. 이로 인해 일어난 가장 큰 변화는 사람 대신 기계가 힘을 쓰게 된 것이다. 기계는 지치지도 않고, 휴식이 필요 없으므로 산업생산성이 크게 증가했다. 이로부터 100년이 채 지나지 않아서 농업 중심이던 영국이 도시화되었다. 도시의 공장에서 일자리를 얻으려는 사람들이 농촌에서 몰려들기 시작하자 도시에서는 위생이 열악하고 좁은 공간에서 경제적으로 가난한 이들이 모여 살게 되었다. 전염병이 유행할 수 있는 좋은 조건이 갖춰졌다.

제러미 벤담이나 토머스 맬서스는 직업에 따라 수명이 다른 것은 주거 환경과 작업장의 위생 상태 때문이라는 결론을 내렸다. 귀족은 43세, 상업 종사자는 30세, 공장 노동자는 22세였다. 이들은 조기 사망을 줄이기 위해서는 오물이 가득한 거리를 깨끗이 해야 하고, 사회 지도자들이 '조기 사망이 사회적 질병'임을 깨달아야 한다고 주장했다. "중상위계층은 외형적으로 멋지게 보였으나 실제로는 지저분함 속에서 살았던 반면, 하위계층은 배설물에 그대로 노출된 채로 독소가 내포된 위험 속에서 살았다."

1830년대는 미생물은 물론 기생충의 존재도 확인되지 않은 시기였다. 따라서 이들이 위생의 중요성을 깨닫게 된 것은 나쁜 공기가 전염병의 원인이 된다는 미아즈마설을 믿었기 때문이다. 동식물이 부패하면서 발생하는 가스는 오염된 하수 등과 반응하여 나쁜 공기를 만들어 낸다. 비록 증거는 없었지만 템스강에서 발생하는 악취가 당시에 유행하던 전염병의 원인이라는 것이 그들의 생각이었다.

위생의 중요성을 알린 사람들

영국을 해가 지지 않는 나라라는 이야기를 듣도록 이끈 빅토리아 여왕도 위생 문제에 대해서는 해결책이 없었다. 이때 위생 운동에 뛰어들어 세상을 바꿔 놓은 사람이 있다. 바로 에드윈 채드윅이다. 1831년부터 벤담의 비서로 일한 그는 벤담의 영향을 많이 받았다.

1843년에 채드윅은 하수, 상수, 주택, 사업장 등 오물이 발생할 수 있는 모든 장소를 철저히 조사할 계획을 세웠다. 그를 포함한 환경운동가들은 빈곤한 이들의 건강이 나쁘고 수명이 짧은 것이 비위생적인 생활환경 때문이라 확신했다.

영국 의회는 그들의 생각을 받아들여 1848년 공중보건법을 통과시켰다. 이로 인해 하수시설 설치, 도로포장, 오물 폐기에 대한 규제, 공공 오락 시설 제공 등이 의무화되었다. 5년이 지나자 영국 근로자의 연간 사망률이 1,000명당 30명에서 13명으로 줄었고, 평균수명이 29세에서 48세로 늘어났다.

1854년에는 크리미아반도에서 전쟁이 벌어지고 있었다. 그때까지 전투로 인한 사상자보다 전쟁터에서 유행한 전염병으로 인한 피해가 더 컸는데, 크리미아전쟁은 그중에서도 최악이었다. 채드윅은 크리미아전쟁에 참전 중인 부대의 위생 상태 개선을 위해 위생조사단을 파견하자고 주장했다.

한편 앞서 150쪽에서 등장했던 스노는 의과대학 졸업 후 외과와 산부인과 의사로 일하면서도 계속해서 콜레라에 관심을 두었다. 그는 콜레라가 사람의 이동 경로를 따라 전파되지만 사람의 이동속도보다는 느리고, 콜레라가 유행하는 지역에 도착하더라도 다른 사람들과 접촉하기 전에는 절대로 질병에 걸리지 않는다는 사실을 알아차렸다.

스노는 1853년에 런던에서 콜레라가 유행할 때 콜레라 때문에 사망한 사람들의 주소를 확인함으로써 사망자들이 같은 상수도 회사를 이용했다는 사실도 알아챘다. 그는 물에 들어 있는 무엇인가에 의해 콜레라가 전염된다는 결론을 내렸다. 위생에 관심이 있던 다른 학자들이 미아즈마설을 신봉한 것과 다르게 상수도의 오염원이 원인이라 생각한 것이다.

또한 파스퇴르는 포도주 생산 과정을 연구하다가 세균이 오염되어 부패하면 포도주가 상한다는 사실을 찾아냈다. 그리고 코흐는 세균이 전염병의 원인임을 밝혀냈다. 이때는 현미경으로 세균을 관찰할 수 있게 되었으므로, 위생 상태가 좋지 못하면 사람에게 해로운 미생물이 증식하여 전파력이 커진다는 사실이 알려지기 시작했다.

19세기 초에 채드윅 덕분에 위생에 대한 관념이 커진 후, 19세기 말에 이르러 전염병에 대한 이해가 깊어졌다. 덕분에 전염병에 대한 위생의 중요성을 이론적으로 설명할 수 있게 되었다. 사람들은 위생에 더 신경을 쓰기 시작했다. 생활환경을 깨끗이 하고, 손을 잘 씻는 일이 백신과 약의 발전보다 더 큰 효과가 있다는 사실은 20세기 중반이 지나서야 알려지게 되었다.

면역력과 영양소의 관계

무슨 병이든 특별한 처치를 하지 않고 개인이 가지고 있는 능력을 이용하여 질병을 퇴치하는 현상을 면역이라 한다. 사람의 몸은 비정상적인 생리현상을 발견하면 면역계통의 힘을 발휘해 퇴치하고자 한다.

한 가지 강조할 점은 면역력을 직접적으로 측정할 방법은 없다는 것이다. 따라서 매스컴에서 흔히 들을 수 있는 '면역력이 강하다', '면역력을 키운다'는 이야기는 과학적인 근거를 댈 수 없는 표현이다.

그런데도 일상에서 이와 비슷한 이야기를 쉽게 듣게 되는 이유는 무엇일까? 아마도 그렇게 이야기해야 이해하기 쉽기 때문일 것이다. 똑같은 상황에 노출되었는데 누구는 병이 생기고 누구는 생기지 않은 경우, 또 병이 생겼다고 하더라도 누구는 증상이 심하게 나타나고 누구는 증상이 나타나지 않는 경우 면역력의 유무나 강약으로 설명하면 이해하기 쉽다. 아예 비과학적인 표현이라면 의학자들이 적극적으로 바로잡으려 하겠지만 그렇지는 않다. 과학적 근거가 부족하기는 하지만 설명할 수 없는 표현은 아니다.

핏속에는 세 가지 세포가 있다. 적혈구는 산소 운반, 백혈구는 세균을 잡아먹는 식균작용^{면역기능의 한 종류이므로 면역기능이라고도 한다}, 혈소판은 혈액 응고에 관여한다고 배웠을 것이다. 사람의 몸에서 면역기능은 아주 다양한 형태로 나타나며, 대부분을 백혈구가 담당한다. 피부 어딘가에 상처가 생겼을 때 혹시라도 몸에 해가 되는 세균이 침입하는 경우, 세균에 맞서 싸우기 위해 백혈구가 그 부분으로 몰려든다. 백혈구 중에는 세균을 잡아먹는 것도 있고, 세균에 대항할 수 있는 항체를 만드는 것 등 여러 가지가 있다. 백신은 항체를 생산하는 능력을 자극한다. 처음 경험하는 항원에 대해 항체를 합성하여 대항하는 능력보다 두 번째 경험하는 항원에 대하여 항체를 합성하는 능력이 더 커지게 하는 것이 백신의 원리다.

항체는 단백질에 속하기 때문에 항체를 합성하기 위해서는 단백질의 재료가 되는 아미노산이 필요하다. 세포 속에 아미노산을 충분히 함유하려면 평소 먹는 음식에 단백질이 많아야 한다. 3대 영양소 중 탄수화물과 지질은 흡수되면 주로 에너지원으로 사용된다. 반면 단백질은 소화 과정에서 아미노산으로 분해되어 흡수된 후에는 사람의 몸에 필요한 단백질을 합성하는 재료로 이용된다. 단백질은 사람의 생리작용 대부분을 담당하므로 단백질 섭취가 부족하면 고유의 다양한 기능을 제대로 하지 못한다.

우리가 영양소를 골고루 섭취해야 하는 것은 이 때문이다. 몸에서 무슨 일을 하건 에너지가 필요한 경우가 대부분이므로 탄수화물과 지질이 필요하다. 그리고 단백질을 적절히 섭취해야 복잡하고 다양한 인체 기능을 발휘할 수 있다.

20세기 초까지는 고기^{단백질}를 충분히 먹기 힘들었다. 그러나 갈수록 단백질 섭취량이 늘어나고 있으므로 사람들의 몸에 아미노산 함유량이 많아지게 되었고, 이론적으로는 항체를 합성할 수 있는 재료를 충분히 확보하게 되었다. 이 사실을 생각하면 '면역력이 커졌다'고 말할 수 있다.

실제로 20세기 후반 이후 전쟁이 줄어들고, 먹을 것이 풍부해지면서 칼로리 섭취량이 늘고 영양실조로 고생하는 사람들이 줄어들고 있다. 즉, 영양 상태가 좋아졌다. '면역력의 향상이 전염병으로 인한 피해를 줄이고 있다'고 말할 수 있는 이유다.

진로 찾기 **임상병리사**

병원에서 소변검사나 혈액검사를 받아 본 적이 있을 것이다. 진단을 위해 피, 소변, 침 등을 이용하거나 환자의 병변 부위에서 시료를 채취하는 경우가 많다. 큰 병원에는 자체적으로 시료를 검사할 수 있는 진단검사의학과라는 부서가 있다. 작은 의원에서는 전문 기관에 검사를 의뢰한 후 검사 결과를 받아서 환자의 상태를 확인한다.

진단검사의학과에서 일하는 분들이 바로 임상병리사다. 주로 3년제 전문대학이나 4년제 대학에서 임상병리학을 전공하고 한국보건의료인국가시험원에서 시행하는 임상병리사 시험에 합격해 자격을 얻은 이들이다. 큰 병원에서 피검사를 할 때 피를 뽑아내는 사람도 대부분 임상병리사다.

피검사를 하면 적혈구, 백혈구, 혈소판의 수와 혈색소^{헤모글로빈} 등을 알 수 있다. 보통은 핏속에 있는 탄수화물 양을 측정하고, 목적에 따라 피에 들어 있는 다양한 물질에 대해 검사한다. 피 한 방울만으로도 많은 정보를 얻을 수 있다.

질병의 진단, 치료, 예방을 위해 환자의 검체를 이용한 의학적 검사를 수행하는 것은 임상병리사의 일이다. 임상병리사에게 전해지는 검체는 세포 덩어리, 또는 혈액이나 분비물과 같은 액체다. 사람의 몸에서 나온 다양한 재료가 섞여 있으므로 검사의 목적에 따라 검체를 처리해야 한다. 검체에서 필요한 성분만 분리하는 일, 녹아 있는 물질을 응고시키는 일, 결과를 잘 얻을 수 있도록 가공하는 일도 임상병리사의 몫이다. 이를 위해 세포와 미생물 배양, 현미경을 이용한 관찰, 혈액검사, 분자유전학적 검사, 진단 기계 다루기 등 다양한 일을 해야 한다. 신기술의 개발 속도가 점점 빨라지고 있으므로 어떤 기술이 개발되고 새로운 기계가 고안되더라도 쉽게 적응할 수 있을 정도의 실력을 갖추어야 한다.

임상병리사로 일하려면 실험 결과를 분석하고, 좋은 결과를 얻기 위해 아이디어를 짜는 일에 관심이 있는 사람이 좋다. 기계 다루기를 좋아하고, 미세한 것도 구별할 수 있는 꼼꼼한 성격의 소유자라면 금상첨화다. 종일 같은 작업만 하는 경우도 있으므로 인내와 끈기를 지녀야 한다. 또 혼자서 모든 것을 할 수는 없으므로 협동심도 요구된다.

임상병리사는 주로 의료기관에서 일하면서 검체를 이용해 몸에 발생한 이상을 찾아낸다. 하지만 연구에 관심이 있다면 대학원 진학 후 깊이 있는 학문을 공부해 새로운 검사법을 찾아내거나 다양한 학술활동에 종사하기도 한다. 의료 기구를 개발하거나 치료약 개발에 힘쓸 수도 있다.

사람들이 건강에 대해 점점 더 큰 관심을 가지면서 몸에 이상이 없어도 진단받기 위해 병원을 찾는 경우가 늘고 있다. 새로운 기계가 개발될수록 임상병리사가 직접 하는 일은 줄어들고 있다. 그러나 의료기구 개발을 위한 기초연구자의 수요는 커질 것이므로 그런 방향으로 관심을 가지면 좋을 것이다.

진로찾기 **보건직 공무원**

전 세계적으로 코로나19가 유행한 2020년, 우리나라 중앙재난
안전대책본부에서는 매일 오전에 전날 발생한 환자 수를 발표하
고, 상황을 설명하는 시간을 가지기 시작했다. 초기에는 정은경
중앙방역대책본부장이 매일 등장했지만 상황이 오래 지속되면
서 권준욱 부본부장, 김강립 식품의약품안전처장, 손영래 중앙
사고수습본부 전략기획반장 등이 교대로 상황을 보고했다.

코로나19라는 초유의 사태를 맞아 일간 브리핑을 시작할 때만
해도 수개월 후에는 전과 같은 일상으로 돌아갈 거라는 희망이
있었다. 하지만 코로나19는 전 세계적으로 그 위력을 더해 갔다.

이와 같은 감염병을 조금이라도 더 빨리 해결하려면 전 국민
이 모든 활동을 멈추고 격리되어 머물면 된다. 그러면 바이러스

가 전파될 수 없으므로, 현재 감염된 사람들만 잘 치료하면 끝나게 된다. 그러나 모든 활동을 멈추게 되면 당장 어려움에 처하는 사람들이 있다. 격리가 끝난 후 나라 경제가 정상으로 돌아오지 못할 가능성도 있다.

방역 조치를 1, 2, 3단계 중 어느 정도로 할지, 환자 수용시설은 어디에 마련할지, 전염병이 유행할 때를 대비해 평소에 어떻게 준비할지, 자주 발생하지 않는 전염병은 제약회사에서 약이나 백신을 개발하지 않을 테니 이를 어떻게 처리해야 할지 등은 모두 보건정책을 세우는 공무원들이 결정해야 할 일이다.

장관, 차관과 같은 고위 공무원은 대통령이 임명하지만 일반적인 공무원은 공무원 시험을 치르고 합격하거나 특별 채용 때 지원해 합격하면 된다. 앞에서 예로 든 4명 중 식품의약품안전처장은 행정고시에 합격한 후 보건행정직 공무원으로 오래 일해 온 사람이고, 나머지 3명은 의과대학을 졸업한 후 공무원으로 일하기 시작한 이들이다.

공무원은 종류가 아주 다양하므로 공무원 시험을 준비하려면 자신이 지원할 분야를 결정하고, 그 분야에서 원하는 내용을 공부하는 것이 좋다. 보건직 공무원은 보건의료 행정의 종합계획 수립, 조정과 집행에 관한 업무, 각종 전염병 예방을 위한 예방접종, 전염병을 일으키는 세균의 국내 침입과 국외 전파를 막는 검역 업무, 산업병 예방에 관한 산업보건 업무, 환경위생, 식품위생

업무 등을 맡는다. 이런 일을 하기 위해 보건행정학과같이 관련 내용을 많이 공부할 수 있는 학과에 진학하면 유리하다.

보건직 공무원 외에 비슷한 직종으로 보건진료직 공무원, 간호직 공무원이 있다. 그런 영역에서 일을 시작해 활동 범위를 넓혀 가는 것도 방법이다. 또 대학에서 관련 분야의 전공 공부를 하지 않았더라도 졸업 후 보건대학원에서 공부하면서 공무원 채용 시험에 응시할 수 있다. 의사 같은 전문직 자격을 취득한 후 많은 이에게 혜택이 돌아갈 훌륭한 정책을 수립하기 위해 공무원으로 진로를 바꿀 수도 있다.

롤 모델 찾기 **이종욱 전 세계보건기구 사무총장**

한국인 최초로 UN국제연합 전문기구의 수장을 지낸 이종욱. 그는 전 세계보건기구 사무총장으로 전 세계의 전염병 해결을 위해 누구보다 많은 일을 한 한국인이다. 의과대학 재학 시절에 안양에 있는 나자로 마을의 한센병 환자를 돌보면서 전염병과의 인연을 시작했다. 그는 의사면허를 취득한 후 세계인들의 보건의료 현황을 개선하는 일을 하겠다는 각오로 미국 하와이 대학교 보건대학원에서 보건학 석사를 취득했다. 그 후 린든 존슨 병원에서 2년간 의사로 일하다가 1983년에 세계보건기구 서태평양 지역의 한센병 자문관이 되면서 지구촌의 전염병 해결을 위해 본격적으로 뛰어들었다.

이종욱은 한센병 자문관에 이어 서태평양지역사무처 질병예방관리국장을 지냈다, 이후 세계보건기구 본부가 있는 제네바로 가서 예방백신국장과 세계아동백신운동 사무국장으로 활동하면서 어린이들이 전염병의 위협에서 벗어나 마음 편히 일생을 보낼 수 있도록 하는 일에 헌신했다. 여러 활동을 통해 1995년에 회색질척수염 환자 발생률을 인구 1만 명당 1명 이하로 낮출 수 있었고, '백신의 황제'라는 별명을 얻기도 했다.

1998년부터 세계보건기구 사무총장 선임 정책자문관, 정보화 담당팀장, 자원동원 대외협력업무 담당 대표단을 거쳐 2000년에 결핵국장으로 일하기 시작하면서 결핵퇴치사업을 진행했다. 결핵 치료약을 더 싸게 확보하기 위해 국제협력사업단 산하에 국제의약품기구를 설립하기도 했는데, 이 덕에 세계보건기구는 조금이나마 재정적 부담을 덜 수 있었다.

그가 세계보건기구 사무총장에 취임했던 2003년에는 중국에서 시작된 사스가 세계를 강타하던 시기였다. 게다가 2004년 말에는 새로운 종류의 독감이 유행하기 시작했다. 이종욱은 새로운 전염병이 출현할 때마다 발로 뛰며 문제의 근본을 해결하기 위해 노력했다.

또 사무총장 취임 직후부터 에이즈 환자들에게 치료제를 공급하는 사업을 펼쳤다. 주로 가난한 나라에서 에이즈 환자들이 발생하는 까닭에 제약회사들의 관심이 크지 않아 근본적 해결에 어려움이 있었기 때문이다. 이종욱 사무총장의 정책은 가난한

나라의 환자들을 위해 마련된 최초의 실질적 목표라는 평을 받았다.

또한 세계 각국의 젊은이들을 대상으로 차세대 보건지도자를 양성하는 HLS^{Health Leadership Service} 프로그램을 추진하기도 했다. HLS 프로그램은 개발도상국의 젊은이들이 2년간 이론과 실무를 익히면서 정식으로 보건학을 공부한 후 모국에서 일을 할 수 있게 하는 프로그램이다. 가난한 나라에서는 젊은이들에게 투자할 여력이 없다고 판단했기 때문이다.

이종욱 사무총장은 평생 공부하는 태도를 유지했다. 영어, 일어, 불어, 중국어 등 다른 나라의 언어를 꾸준히 공부했고, 세계적인 학술지를 꾸준히 탐독하면서 다양한 지식을 쌓으며 시야를 넓히려고 노력했다. 그에게 국제기구는 화려한 외교관이 일하는 곳이 아니라 자신의 인생에 대한 신념을 가지고, 어려운 일과 싫은 일에도 더 나은 해결책을 찾기 위해 최선을 다하는 곳이었다.

첫 사무총장 임기를 워낙 훌륭하게 수행했으므로 재선되어 세계인들의 보건을 위해 더 힘쓸 수 있었다면 좋았을 것이다. 갑작스러운 병으로 세상을 떠나신 것이 어느 모로 보나 안타깝다.

롤 모델 찾기 **이호왕 미생물학자**

이호왕 교수는 유행성 출혈열의 원인인 한타바이러스를 발견한 사람이다. 1928년 함경남도에서 태어나 함흥의과대학에서 공부하던 그는 한국전쟁 때 월남하여 1951년에 서울대학교 의과대학으로 편입했다. 형은 함께 왔지만 나머지 가족들은 북한에 남아 있어 이산가족이 되었다.

전쟁 중의 병원은 감염병 환자들로 넘쳐 났고, 이때의 경험은 이호왕이 미생물학을 연구하는 계기가 되었다. 1955년에 서울대학교 미생물학교실 조교로 일하던 중 미네소타 대학교에서 석박사 과정을 수행하면서 바이러스 연구에 참여했다. 그는 우리나라 풍토병의 하나인 일본뇌염을 연구하여 박사학위를 받았다.

한국전쟁이 한창이던 1951년, UN군 2,000여 명이 들도 보도 못한 전염병에 걸려 800여 명이 목숨을 잃는 일이 벌어졌다. 이 병은 출혈열로, 전쟁이 끝날 때까지 수시로 유행하면서 군인들의 생명을 앗아갔다. 미국은 유행성 출혈열을 해결하기 위해 연구에 뛰어들었으나 1960년대가 저물어갈 때까지 별다른 소득을 얻지 못한 상태였다. 이에 이호왕은 유행성 출혈열을 연구 주제로 선택했다.

유행성 출혈열 연구는 쉬운 일이 아니었다. 환자가 많이 발생하는 휴전선 부근에서 연구를 진행하다 간첩으로 의심받은 적도 있고, 연구원에게 유행성 출혈열이 발생하여 생명이 위험해지기도 했다. 그러나 이호왕 교수는 유행성 출혈열을 해결하기 위해 끊임없이 연구했고, 1976년에 드디어 유행성 출혈열의 병원체를 발견하게 된다. 한탄강 유역에 살고 있는 등줄쥐의 폐에서 발견한 병원체에는 한탄바이러스라는 이름을 붙였다. 또 1979년 12월에 집쥐를 잡다가 바이러스에 감염된 시민에게 있던 새로운 바이러스를 발견하고, 서울바이러스라는 이름을 붙이기도 했다. 한타바이러스는 한탄바이러스와 서울바이러스를 통칭하는 속명이다.

이후 그는 미국의 여러 기관을 돌아다니며 연구 결과를 소개했다. 이후 여러 연구기관에서 스카우트 제의를 받았지만 이호왕은 한국에 남아 출열과 열을 일으키는 바이러스 감염증에 대한 연구를 계속했다. 1981년에는 한국에서 출혈과 열을 일으키는 병원체가 어떤 특성을 가지고 있는지에 대한 논문을 발표함으로써 한탄강 유역에서 발견한 바이러스의 이름이 한탄바이러스로 등록되었다. 그의 발표 이후 전 세계에서 "우리나라에도 출혈과 열을 일으키는 병이 있다"는 소식이 들려왔고, 이호왕 교수가 했던 것과 유사한 방법으로 감염병의 병원체를 찾기 위한 연구가 진행될 수 있었다.

그는 1988년에 세계 최초로 '한타박스'라는 출혈열 예방백신을 개발했다. 1990년에 판매되기 시작한 이 백신은 우리나라 최초의 신약이며, 이호왕 교수는 감염병의 원인인 병원체를 찾아내고, 병의 진단 방법과 백신을 모두 개발하는 기록을 세우기도 했다.

남들이 가는 평범한 길을 갈 수도 있었지만, 한국전쟁에서 경험하면서 다진 전염병에 대한 각오를 잊지 않고 전염병 해결의 길을 터놓은 이호왕. 그는 대한민국을 대표하는 전염병 학자다.

롤 모델 찾기 **전병율 전 질병관리본부장**

전병율은 오랜 시간 보건정책을 세우는 전문가로 지냈다. 강화
도 보건소장을 시작으로 보건사회부지금의 보건복지부 사무관, 질병관
리본부지금의 질병관리청 감염병대응센터장, 질병관리본부장 등 다양
한 역할을 맡아 왔다.

  그는 의과대학에 입학할 때부터 올바른 보건정책으로 많은 사
람을 돕고 싶다는 마음을 품었다. 따라서 예방의학을 전공으로
선택했고, 졸업 후에는 강화군의 보건소장으로 지원해 강화도민
의 보건의료 향상을 위해 노력했다.

  1년간의 보건소장 경험을 토대로 1989년 보건사회부 사무관
에 지원하여 국민의 건강을 돌보는 공무원으로 일하기 시작했
다. 보험급여과장, 보험평가과장으로 재직하며 진료비 전자문서

교환방식EDI, Electronic Data Interchange 청구제도, 포괄수가제도 도입 등 혁신적인 제도를 다양하게 도입했다. 방역과장으로 일하던 1998년에는 미국 질병통제예방센터의 역학조사관EIS, Epidemic Intelligence Service 양성 프로그램을 본뜬 '한국형 역학조사관 도입방안'을 마련했다. 이를 통해 1999년부터 역학조사관 제도가 시행되는 데 결정적으로 기여했다.

2001년에는 세계보건기구 제네바 본부에 파견되어 세계보건기구의 결핵퇴치사업에 참여했다. 귀국한 후 국제결핵연구소 ITRC, International Tuberculosis Research Center를 창립하여 미국 국립보건원 NIH, National Institute of Health과 한국 정부가 함께 결핵연구사업을 수행하도록 도왔다.

2009년 신종플루가 유행할 때 전병율은 질병관리본부 감염병대응센터장이었다. 그는 신종플루 방역 활동의 최전선에서 맡은 역할을 성공적으로 수행했다. 항바이러스제 비축과 무상 제공, 환자 진료를 위한 격리병원 가동, 각종 의료 물자 확보, 백신 생산 및 전 국민 대상 접종, 대국민 소통 등의 활동 덕분에 우리나라는 별다른 혼란 없이 위기를 벗어날 수 있었다.

질병관리본부장으로 근무할 때 그는 원인을 알 수 없는 폐질환 환자가 계속 발생한다는 문제를 보고받았다. 이에 전병율은 역학조사와 동물실험을 통해 당시 시장에서 유통되고 있던 '가습기 살균제'가 원인 물질이라는 것을 밝혀낸다. 가습기 살균제 사용으로 인한 추가 피해를 중단시키는 데 큰 역할을 했고, 여기에 그치지 않고 질병관리본부장으로서 그 이전에 가습기 살균제를 사용하면서 발생한 피해자를 조사하는 일에도 앞장섰다.

전병율은 2013년 6월 25년이 넘는 공직 생활을 마감했다. 지금은 차의과학대학교 보건산업대학원장으로 일하면서 보건정책 전문가이자 그러한 전문가를 길러 내는 교육자로서 학생들을 만나고 있다. 다양한 정책을 마련하고 실행했던 경험을 학생들에게 전달하면서 새로운 세대가 보건의료 정책 개발의 중요성을 인식하고, 관심을 가지도록 헌신하고 있다. 그뿐만 아니라 언론 기고, 인터뷰, 방송 출연 등 왕성한 대외 활동을 통해 국민들에게 올바른 정보를 제공하기 위해 노력하고 있다.

직접 해보는
진로 찾기

하고 싶은 일을 하려면 무엇을 준비해야 할까?
관심 있는 직업을 직접 조사해 보자.

나의 관심사	
나의 성격	
좋아하는 공부	
내가 되고 싶은 직업	

이 직업이 하는 일	❶
	❷
	❸
	❹
	❺

전염병 치료제를 내가 만든다면

진출 분야	
필요한 능력	
해야 할 공부 및 활동	
관련 자격증	
이 직업의 롤 모델	

참고 자료

도서

- 권준욱 지음,《옳다고 생각하면 행동하라》, 가야북스, 2007
- 대한감염학회 지음,《감염학》, 군자출판사, 2014
- 대한예방의학회 지음,《예방의학과 공중보건학》 제2판 수정증보판, 계축문화사, 2015
- 롭 드살레, 수전 L. 퍼킨스 지음, 김소정 옮김,《미생물군 유전체는 내 몸을 어떻게 바꾸는가》, 갈매나무, 2018
- 버나드 몽고메리 지음, 승영조 옮김,《전쟁의 역사》, 책세상, 2004
- 아커크네히트 지음, 허주 옮김,《세계의학의 역사》, 지식산업사, 1987
- 에드워드 골럽 지음, 예병일 등 옮김,《의학의 과학적 한계》, 몸과 마음, 2001
- 예병일 지음,《의학사노트》, 한울엠플러스, 2015
- 예병일 지음,《지못미 의예과》, 청년의사, 2011
- 이호왕 지음,《한탄강의 기적》, 시공사, 1999
- 재컬리 더핀 지음, 신좌섭 옮김,《의학의 역사》, 사이언스 북스, 2006
- 핼 헬먼 지음, 이충 옮김,《의사들의 전쟁》, 바다출판사, 2003
- David L. Nelson, Michael M. Cox 지음, 김호식, 윤경식 등 옮김,《레닌저 생화학》 7판, 월드사이언스, 2017
- Leon Gordis 지음, 한국역학회 옮김,《역학》, EPUBLIC, 2009

- Han Siem,《Men, Microbes and Medical Microbiologists》, Erasmus Publishing, 2004
- Randall M. Packard,《The Making of a Tropical Disease: A Short History of

Malaria》, Johns Hopkins University Press, 2011
- Richard Preston, 《The Hot Zone: A Terrifying True Story》, Anchor, 1999
- Scott C. Ratzan. ed, 《The Mad Cow Crisis》, New York University Press, 1998

논문

- 조경숙, <우리나라 결핵 실태 및 국가 결핵관리 현황>, 《보건사회연구》 37(4): 179-212. 2017
- Anita R. Rachlis. Zidovudine (Retrovir) update. Canadian Medical Association Journal 143(11): 1177-85. 1990
- Erik De Clercq and Guangdi Lia. Approved Antiviral Drugs over the Past 50 Years. Clinical Microbiology Reviews 29(3): 696-747. 2016
- F. Glyn Davies. The Historical and Recent Impact of Rift Valley Fever in Africa. American Journal of Tropical Medicine and Hygiene 83(2 Suppl): 73-74. 2010
- John B. McKinlay, Sonja M. McKinlay. The questionable contributions of medical measures to the decline of Mortality in the United States in the Twentieth Century. Health and Society Vol. 55(3): 405-428. 1977
- Owen L. Bryan-Marrugoa et al. History and progress of antiviral drugs: From acyclovir to direct-acting antiviral agents (DAAs) for Hepatitis C. Medicina Universitaria 17(68): 165-174. 2015

웹사이트

- 노벨재단 www.nobelprize.org
- 대한결핵협회 www.knta.or.kr
- 대한에이즈예방협회 www.aids.or.kr
- 세계보건기구 www.who.int
- 질병관리청 www.cdc.go.kr
- Cancer Research Institute www.cancerresearch.org

기타

- 예병일, <노벨화학상 뒤집어 보기>, 한국화학회지. 2018년 7-9월호

교과 연계

▶ 중학교 ────────────────────────

찾아보기

다른 포스트

뉴스레터 구독

전염병 치료제를 내가 만든다면

초판 1쇄 2020년 11월 30일
초판 5쇄 2024년 1월 22일

지은이 예병일

펴낸이 김한청
기획편집 원경은 차언조 양희우 유자영
마케팅 현승원
디자인 이성아 박다애
운영 설채린

펴낸곳 도서출판 다른
출판등록 2004년 9월 2일 제2013-000194호
주소 서울시 마포구 동교로27길 3-10 희경빌딩 4층
전화 02-3143-6478 팩스 02-3143-6479 이메일 khc15968@hanmail.net
블로그 blog.naver.com/darun_pub 인스타그램 @darunpublishers

ISBN 979-11-5633-306-7 44000
ISBN 979-11-5633-250-3 (세트)